Retrato del libertino

Antonio Escohotado

Retrato del libertino

Índice

Para Miguel Velasco y, como casi
siempre, para Pablo Fernández-Flórez

Aclaración preliminar

Los textos agrupados en este libro cubren tópicos diversos. El primero repasa maneras de entender el amor carnal. El segundo —que amplía una conferencia reciente— reflexiona sobre alegría y tristeza, en el marco de las relaciones entre ética y medicina. El tercero abunda en esas relaciones, desde una microinvestigación sobre el vicio de apostar. El cuarto aborda la ebriedad como experiencia del mundo. El quinto versa sobre la eutanasia como bien o derecho universal. Los capítulos sexto y séptimo son en realidad entrevistas, hechas a dos ancianos muy saludables.

Numerarlos no indica cierto argumento único, que fuese desplegándose poco a poco, si bien su trasfondo es —una y otra vez— la salud. Fuera de las limitaciones del autor, el nexo de unión entre estos bosquejos es pasar revista a algunas pasiones de manejo delicado, que parecen singularmente físicas o compulsivas si se comparan con otras de manejo aparentemente menos delicado, como la ambición de seguridad o la de mando. Sin embargo, al examinar con algún detalle esas pasiones —las reputadamente más compulsivas—, topamos ante todo con montañas de hipocresía. Y dichas montañas velan, a su vez, aquello que parece fundar la virtud: lo corpóreo es anímico y lo anímico corpóreo; nuestra naturaleza funde inseparablemente ser y pensamiento.

A mi juicio, ignorarlo desemboca en incoherencia, mala fe y simple desdicha. Al idealismo clerical el cuerpo le resultaba tan mísero, y engañoso, como al materialismo cientificista se lo resulta el alma. Ambas ideologías representan tentativas ingeniosas de control, que explotan la disociación desde puntos de apoyo opuestos. Desde una perspectiva seríamos almas atadas a cuerpos, desde la otra cuerpos atados a almas; lo común es que, para no sucumbir a los males de la atadura, todos deben ponerse en manos de sabios directores, bien sea de la afligida conciencia moral o del achacoso cuerpo.

Lejos de ello, los ensayos siguientes proponen aceptar la corporeidad como inmediatez del espíritu, considerando que esa aceptación es una manera de replantearse cotidianamente la belleza. Como dijo Valle-Inclán —en *La lámpara maravillosa*—, «la belleza es aquella razón inefable que por la luz descubrimos en las cosas para ser amadas, y para crear, porque amor es la eterna voluntad del mundo».

I

Retrato del libertino

> *Todos los afectos humanos se generan mediante el acto de la copulación y sus preliminares [...] Las parejas bendecidas con imaginación llevan el acto de follar a la altura del intelecto, haciendo que —en su sensual elevación etérea— la lujuria y el amor se conviertan en un delirio poético [...] Follar es la gran fuente que humaniza al mundo.*

La cita corresponde a un victoriano que a finales del XIX ya senecto, pagó de su bolsillo la entonces formidable cantidad de mil cien guineas a un librero de Amsterdam, para que editase seis únicos ejemplares extracomercio de una autobiografía titulada *My Secret Life*. Trasladadas a letra de imprenta, las cuartillas a mano cupieron en once volúmenes *in octavo*, cada uno de cuatrocientas páginas aproximadamente. Linotipistas holandeses, poco duchos en la lengua inglesa, agravaron el probable descuido gramatical y ortográfico del manuscrito.

Hasta que Grove Press se decidió a reeditar la obra —empleando dos tomos de gran tamaño, ya en 1962— de los seis ejemplares originales cuatro se hallaban en manos de coleccionistas privados, uno en la biblioteca del Kinsey Institute y otro en la del British Museum. Aunque se supone que el librero de Amsterdam quizá imprimió algunos ejemplares más de los contratados, una obra tan gigantesca como prohibida se conservó intacta durante casi un siglo (no caracterizado desde luego por falta de censores, guerras y otras calamidades para la memoria cultural).

El motivo reside en la obra misma, que Jaime Gil de Biedma considera «el más extenso y prolijo informe jamás escrito sobre la experiencia erótica de un ser humano del sexo masculino»[1]. En efecto, además de ofrecer un rico cuadro de la época — precisamente la parte omitida en las novelas de Dickens, Hardy y otros narradores ingleses respetables del momento—, el libro describe en detalle relaciones carnales con unas dos mil mujeres. El dato habla por sí solo. Como el ejercicio de la sexualidad en condiciones plenas viene a ocupar unos cuarenta años de la vida, este *gentleman* conoció (en sentido bíblico) una mujer nueva cada semana, a una media de cuatro por mes.

Se trataba de un caballero pudiente, que viajó por toda la tierra, y muchas de sus conocidas fueron rameras. Pero no alcanzó esa cifra movido por algún tipo de compulsión a penetrar y marcharse en seguida, como nuestro Tenorio. Al contrario, Walter —pues así se bautiza en el relato— encuentra casi siempre motivos para ahondar sus fantasías lúbricas con cada compañera, y para renovar las relaciones que resultaron satisfactorias. Él mismo refiere que la mujer ya poseída le hacía sentirse más amable «aún». Raro parece ser el caso de que se despidiera sin copular al menos dos veces con cada una de las mujeres nuevas, o alguna de las amadas antiguas. Eso dispara el número de coitos a docenas de miles, que convertidos en el doble o el triple de horas —usando un rasero prudente— equivalen a no pocos años enteros. En sus palabras:

«Consultando mis notas y diarios íntimos, me doy cuenta de que he poseído a mujeres de veintisiete imperios, reinos o países, de más de ochenta nacionalidades, incluyendo todas las de Europa, salvo Laponia. He follado con negras, mulatas, cuarteronas, griegas, turcas, egipcias, hindúes y otras criatu-

---

1.- Cfr. «Cualquier vida secreta, o los otros papeles del Club Pickwick», en *El pie de la letra*, Crítica, Barcelona, 1980, pág. 257.

ras completamente depiladas; incluso he conocido bíblicamente a *squaws* del Canadá y Estados Unidos, allí donde la civilización no ha penetrado todavía [...] Ojalá pueda seguir vivo para desarrollar hasta el infinito las variaciones del glorioso tema que es la mujer».

Por otra parte, su relato destila franqueza, y un meticuloso afán de veracidad. Para empezar, no menciona lance alguno que roce la proeza viril. Dadas las situaciones, parece probable que la mayoría de los hombres hiciese lo mismo —o hasta más. Lo llamativo es su expedición cotidiana en busca de ocasiones, y el corazón que pone en perseguirlas hasta el final: la sinceridad y continuidad de su deseo. Más que fantasías por cumplir, proyectadas hacia el futuro, su vida le muestra unido a lo concreto actual, a la inmediatez de cada presente, prolongado luego en el recuerdo. Tras amar en términos absolutos a dos regimientos femeninos, su discurso es ante todo realista:

> «No pretendo pasar por un Hércules en la copulación. Hay sobrados fanfarrones en este campo, pero muchas charlas con médicos y mujeres de la vida me hacen poner en duda esas maravillosas hazañas de las que algunos hombres se jactan».

En realidad, Walter ni siquiera piensa gustar de modo especial al otro sexo; es él quien se halla seducido, y su ingente experiencia viene sólo de consentirse sin hipocresía una pasión que admite sigilo y exactitud, cosa imposible cuando no cuenta con el apoyo del entendimiento. Entonces, ¿quién es este sujeto? Un testimonio antiguo —de cierto librero parisino que lo oyó de otro librero— le presenta como capitán de barco, cosa acorde con la amplia variedad de ciudades visitadas. Sin embargo, hallazgos más recientes apuntan a que fue para el resto de la vida civil sir Henry Spencer Ashbee, un magnate del comercio ultramarino, coleccionista de ediciones raras del *Quijote*, autor de varios relatos sobre viajes a Asia, África y América, amigo de Richard Francis Burton y otros notables de la época, muerto a los sesenta y seis años, que tenía a España por «país favorito» (sufrió un infarto en Burgos a principios de 1900, del cual no se recuperaría satisfactoriamente), y que bajo el seudónimo de Pisanus Fraxi compiló y publicó también los más exhaustivos catálogos de literatura pornográfica conocidos por el siglo XIX[2] .

¿Pudo una sola persona abarcar polígrafa erudición, éxito mercantil y respetabilidad general con una vida secreta de semejantes dimensiones? En su agudo comentario a *My Secret Life*, Gil de Biedma destaca lo que tiene de escándalo una coincidencia de ese tipo. Aunque cabe aceptar que el obseso hiciese realidad innumerables lujurias, e incluso —como piensan algunos historiadores sociales— que redactase un documento de extraordinaria importancia sobre la Inglaterra victoriana, su obsesión debería ser castigada con fracaso personal, descrédito social y ruina económica. Cualquier otra opción resulta un pésimo ejemplo, que habría indignado por igual a Moisés, Mahoma o San Pablo. También indigna, aunque sea solapadamente, a diplomados en sexología como el doctor y la doctora Kronhausen —autores de un estudio «científico» sobre el libro—, para quienes es evidentemente patológico elevar a primordial una satisfacción de la concupiscencia, meta que debería siempre ser secundaria comparada con familia, negocios y seguridad, Por lo mismo, «que Ashbee además de Fraxi fuese Walter es casi demasiado hermoso para ser cierto»[3].

Más recientemente, junto a la hipótesis de que Walter fuera Ashbee se maneja la de que era en realidad Edward Sellon, un querido amigo suyo. Sea como fuere, la supuesta o real patología de este caballero no necesita conjeturarse, pues todo cuanto podemos saber

---

2.- Concretamente, tres: el *Index Librorum Prohibitorum* (1877), el *Centuria Librorum Prohibitorum* (1879) y la *Catena Librorum Tacendorum* (1885). El British Museum rechazó en principio la donación de estas colecciones, si bien acabó aceptándola cuando Ashbee condicionó a ello el legado de su excepcional colección sobre Don Quijote.

3.- Gil de Biedma, ob. cit., pág. 260.

sobre su carácter se encuentra en sus memorias eróticas. Con sus seis millones de caracteres, esa obra —que se presenta expresamente como «simple relato de hechos y no análisis psicológico»— resulta ser un pozo insondable de psicología. Si, por una u otra razón, la psicología y la sociología no hubiesen ignorado la tarea de analizar cuantitativa y cualitativamente la medida de autoritarismo y libertarismo en temperamentos singulares y grupos —para concentrarse en sondeos y tests sobre intención de voto e idoneidad profesional—, quizá podríamos estar más cerca de saber no sólo qué proporción de varones se parecen anímicamente al autor de *My Secret Life*, sino hasta qué punto algo así depende de lugares y momentos. Faltando semejante ayuda, habremos de conformarnos con examinar su normalidad o anormalidad, su actualidad o anacronismo, a la luz de un solo testimonio. En el segundo prefacio a su libro, escrito sin duda poco antes de morir, nuestro libertino aborda precisamente esta cuestión:

«Mi manuscrito no es sino una narración de la vida humana, quizá de la vida diaria de miles de seres humanos, si pudiera hacérseles confesar. Al leerlo de principio a fin, me choca la monotonía de la relación con aquellas mujeres que no pertenecían a la clase alegre. ¿Actúan así todos los hombres —besando, engatusando, sugiriendo impudicias, echando un tiento, oliéndose los dedos, asaltando y venciendo, igual que yo? ¿Se ofenden todas las mujeres, diciendo «no», después «oh», sonrojándose, enfadándose, cerrando los muslos, resistiéndose, abriéndolos luego y entregándose a su lujuria, como han hecho las mías? Sólo un cónclave de putas que dijeran la verdad y de sacerdotes romanos podría aclarar este punto. ¿Han tenido todos los hombres esas extrañas calenturas que me han embelesado, avanzada la vida, aunque en días tempranos su idea misma me repugnase? Nunca lo sabré; mi experiencia, si se imprime, permitirá quizá a otros comparar, cosa que yo no puedo hacer».

1

Walter, que se considera un humilde servidor de la Naturaleza, llama «natural» a todo aquello que alguien hace movido por un impulso interno. No es tan explícitamente filosófico como otros cultivadores del género, pero filosofa aquí y allá. Las controversias ideológicas le traen en buena medida sin cuidado y, salvo alguna ironía dedicada a la Madre Iglesia[4], no desprecia el pudor ni la impudicia (goza de las púdicas por púdicas y de las impúdicas por eso mismo), no sermonea en ningún momento y no se exaspera contra mojigatos o libertinos. Aunque su vocación de sinceridad absoluta le compromete con el lado soez de cada descripción, no encontramos en él rastro alguno de esos largos discursos sobre el vicio y la virtud que, por ejemplo, agobian en la obra de Sade. Las raras veces donde se pone reiterativo coinciden casi siempre con momentos donde no narra acciones, sino reflexiones.

El lema de Walter: mi cuerpo es mío. Si no pidió nacer, y no va a poder fijar el momento de su muerte, salvo recurriendo a la violencia del suicidio, lo que hay entre medias queda librado a él. Y lo que a él le gusta es el amor carnal:

> «Las mujeres han sido el placer de mi vida. Amaba el coño, pero también a quien lo tenía; me gustaba la mujer con quien follaba, y no sólo el coño donde lo hacía».

También goza del confort, de comer y beber bien, de los viajes, la lectura, vestir apropiadamente... Pero nada le fascina y agita como «lo relacionado con follar». Creencias religiosas no tiene, aunque tampoco sea un ateo militante y profese un vago deísmo al estilo inglés

---

4.- Refiriéndose a su primera amante, dice: «Si el sacerdote nos hubiera bendecido con los lazos del matrimonio, lo llamarían placer casto de amor y afecto. Como el sacerdote no intervino para nada, supongo que lo llamarán bestial inmoralidad.» Por el primogénito de Ashbee sabemos que le repugnaban las religiones positivas en general, y particularmente el cristianismo.

clásico. Padece a regañadientes prejuicios machistas que enturbian el eficaz cumplimiento de unas pocas calenturas homosexuales, y él mismo los llama «prejuicios» cuando le inhiben una erección o una eyaculación. No es un intelectual que rechace los ideales de su tiempo (y de casi todos) en cuanto a posición y modales, pero tampoco los obedece allí donde recortan su autonomía. Cuando su gusanillo de la conciencia irrumpe con reproches, el yo de Walter es fuerte, y se absuelve una y otra vez de culpa.

La consciente vulgaridad de su lenguaje, y el volumen de las experiencias narradas, han hecho que algunos exégetas —como el antes citado matrimonio Kronhausen— le comparen con fornicadores previos a él o contemporáneos suyos. Sin embargo, Walter se parece ante todo al occidental contemporáneo medio, salvo por el hecho de que no está intentando adecuarse al estereotipo de hombre de mundo, conquistador o *playboy* que se difunde con la ruina del ideal represivo. La infatigable jornada de caza que ocupa su vida no ha sido sugerida leyendo editoriales de *Penthouse* o el consultorio de *Lib*. El éxito copulativo es vehículo de conformidad social hoy; en el Londres de la reina Victoria —amenazado por venéreas, policías y furibundos familiares— invitaba más bien a un vehículo celular. Sólo atendiendo a esta diferencia en la actitud pública puede calibrarse hasta qué punto Walter se anticipa a su época.

Por aquellas fechas se publicaba ya la revista clandestina *The Pearl*, y había en el mercado abundantes novelones anónimos verdísimos. Con todo, el erotismo de Walter tiene una cualidad inconfundible. Emplea la imaginación mientras fornica, dejando que el relato lo haga sólo la memoria. El conciudadano suyo que de 1863 a 1866 publica anónimamente los cuatro volúmenes de *Romance of Lust* es, en comparación con él, un farsante y un utópico. Este libro —como tantos otros escritos y no leidos desde entonces hasta hoy— comete el error de creer que al lector le conmueven más relatos de encuentros perfectos, con damas que encadenan innumerables orgasmos y señores provistos de una titánica potencia. Es el tipo de pornografía comercial, toscamente proselitista, donde sucede siempre lo mejor, de la mejor manera y al gusto de todos. Allí, como diría Hegel, lo negativo no resulta superado, sino meramente apartado.

Para Walter, en cambio, el valor erótico está en el prosaísmo sin idealizaciones. Su biografía está jalonada por rechazos, raptos de impotencia, trances histéricos, tedios y fiascos. Sirve como botón de muestra la aventura con una joven virgen, criada de una antigua amante que colabora en el intento de desfloración:

> «Entonces lamí la bella rajita, me bajé al pilón con G***, la chica se bajó luego al pilón con ella, vimos dibujos indecentes que había llevado, bebimos champán, puse su trasero desnudo sobre mi rodilla y N*** jugó con mi traidora polla. Pero todo fue en vano. Entonces G*** volvió su trasero hacia mí, y la muchacha metió sus dedos en la grieta de ella, mientras mis dedos estaban dentro de la suya. Recorrí todos los pensamientos posibles para excitarme, y así lo hizo G***, pero mi polla se hizo más y más pequeña, hasta no ser sino un fragmento de piel arrugada. Entonces rompí a sudar de vejación y desgracia, incapaz de entrar en la vulva rosa, imberbe y expectante [...] Tras unas tres horas de esto, preocupado y cansado —casi llorando de humillación—, dejé a G***».

Sólo varios días después —que Walter pasa creyéndose «poseído, embrujado»— reaparece la deseada erección, al principio vacilante y poco a poco más firme:

> «N*** estaba silenciosa, pero su vientre se retorció cuando empecé a sacudirme con fuerza dentro. Entonces un leve murmullo, sus ojos cerrándose, un gesto extremadamente en-

cantador cayó sobre su rostro. «Se está corriendo, mira, «Sí, se está corriendo», dijo G***. La muchacha respiró con fuerza, su coño se contrajo, mi polla sintió como si estuviera partiéndola por la mitad, y a topetazos, sacudiendo todo su cuerpo con mis empellones, palpitó y con un estremecimiento final roció su interior de espesa leche. Allí me mantuve, aferrando sus muslos, mirándola y mirando luego a G***, que ahora —de espaldas sobre la cama, con la combinación levantada, visibles sus muslos y su vientre— se masturbaba con vigor. Aunque estuviese saciado, puse los dedos en su toisón cuando vi por sus temblores y su dulce mirada que estaba corriéndose».

2

Entre lo uno y lo otro, el libertino —que entonces tendría cuarenta y tantos años— ha pasado largos días de inquietud, rumiando la locura; teme que el episodio marque el comienzo de un ocaso radical en su potencia, y teme más aún la escisión interior que lleva a desear sin deseo, pues el recuerdo de la muchacha le excita tanto como su presencia le intimida. Por eso mismo, el relato desborda los límites del género erótico. Vistas las luchas y esperas que describe, los éxitos no sólo son de carne y hueso, sino cosas cuya experiencia puede comunicarse como se comunican datos sobre cualquier campo de conocimiento. Para el resto de los humanos, según aclara Walter, lo útil de esas memorias es que «quizá permiten comparar». Sin duda, él asumió el trabajo de compilarlas para que no se desdibujaran sus recuerdos —y, con ello, lo recordado— convirtiendo el deseo de mantener viva su historia secreta en material antropológico de primer orden. A diferencia de la pornografía que se escribe para conseguir dinero o fama, aquí topamos con alguien que siempre añoró términos objetivos de contraste, *saber*, acerca de su tema.

Semejante diferencia marca también distancias con respecto a otros sátiros célebres. Walter se embarca muy a menudo en lances eróticos, pero no es un saqueador de honras como Don Juan, ni un pícaro vanidoso como Casanova, ni un imitador vergonzante como el Frank Harris de *Mi vida y amores*. No está vengándose de nada con las mujeres, no se está tampoco sirviendo de ellas para otros fines. Al contrario, es ante todo un galante y generoso amigo; le interesan sus ideas, su temperamento y —cómo no— cada detalle de su anatomía. A bastantes les encontrará esposo, oficio o negocio, a fin de premiar los deleites compartidos. Cuenta que se esforzó varias veces por ser fiel a su esposa sin conseguirlo, pues la monogamia le parecía una solución cómoda y económica en todos los aspectos a su libido. El motivo de tantas aventuras —y en esto contrasta de nuevo con los sátiros de su época— viene de una irrefrenable curiosidad, que en parte anticipa placeres muy concretos con cada mujer y en parte remite a algo más profundo, como si el destino le hubiese llamado a consumar su ansia de conocimiento precisamente en aquello que el mundo insiste en mantener oculto.

«Ain't we beasts?»[5], dice la prodigiosa H*l*n —protegida en su anonimato por los asteriscos— tras alguna fantasía lasciva consumada hasta el orgasmo. «No —protesta Walter—, bestias son los idiotas que piensan bestial todo, excepto meter una picha en un coño, cosa únicamente practicada por los animales y por ellos.» A su modo de ver, ella y él son creadores, artistas de la imaginación y el cuerpo. Aunque H*l*n parezca convencida, horas o días más tarde exclama lo mismo, y sólo mirando la sonrisa en sus encantadores labios comprenderá él que nunca lo dijo sin ironía.

Estamos en el Londres de 1860. Catorce años antes se ha estrenado en otra parte *Don Juan Tenorio*. Hace menos de cuarenta se han publicado las memorias de Casanova. El autor de *My Secret Life* tiene unos treinta años. Lleva ya varios registrando en diarios sus andanzas

---

5.- ¿Verdad que somos como animales?

amatorias. Es la época del maquinismo, del auge en la explotación de las colonias ultramarinas; Inglaterra está en acelerada expansión todavía. Su centro es una urbe gigantesca donde pululan docenas de miles de muchachas y mujeres bellas. Algunas de las zorras astutas y mejor nacidas tienen dinero; la mayoría vive bajo la amenaza de la miseria. Y es milagroso lo que puede entonces el dinero. «Te daré un soberano»... «mira este chelín»... «llegaré hasta tres libras»... «no te preocupes por los gastos»... Walter aprende pronto a manejar matizadamente los resortes de su renta anual. Hay hambre y frío, las clases guardan distancias siderales. El caballero puede por eso condescender sin peligro para su estatuto. «Oh, don't, sir, hurt me so, ah», dice una sirvienta —que está siendo seducida/forzada— en el momento de la penetración. Al igual que el hispánico señorito de otrora, el joven es mimado sexualmente por las familias pobres a través de sus hijas:

> «Cómo abrazan las criaditas en silencio, cómo responden a la mera inserción de la punta de la polla, qué placer muestran tranquilamente, cómo te quieren y desfallecen mientras brota tu leche cálida y sus coños se licuan».

Bien puede ser que el poder mágico del dinero desequilibrara el destino de moderación previsible en un espíritu con las demás características del de Walter. Si no hubiese sido rico, habría tenido que conformarse con una décima parte o menos de sus mujeres, y teniendo que conformarse con una experiencia más vulgar quizá no se hubiera extremado tanto en la pesquisa sobre vaginas, ni habría llegado a escribir su documento. Aun las golfas más caras estaban al alcance de su bolsillo, y existía además el ejército de doncellas, modistillas, obreras, lavanderas, viudas y chicas del campo acosadas por el espectro de la miseria. Walter intentará atender adecuadamente a todas. No lo hace por jactarse, ni como aspirante a proxeneta, sino por el placer que ello le reporta.

Tras su primera —y caudalosa— experiencia con Charlotte, que también era virgen, Walter descubre un universo hasta entonces sólo presentido entre amenazas de pesadilla. A partir de entonces, su sensualidad y su posición social le permiten abrir miles de muslos. Inglaterra es para él como Disneylandia para un niño; camina por la calle deteniéndose para fornicar aquí un poco, tocar otro poco más allá, besar a la repartidora de la floristería, pagar a una zorra para que deje a un marino borracho hacérsela... *Paradise now*. Y —al igual que el niño— recibe unas veces cachetes y otras besos, sin que nada pueda agotar su curiosidad, o traer a la mente los deberes escolares.

Comparado con el nuestro, un rasgo diferencial de su mundo es la economía en el estímulo erótico. Las mujeres no llevan sostén ni bragas —y mucho menos el blindaje de medias hasta la cintura y vaqueros—, pero suelen ir cubiertas de pies a cabeza. Sus largas faldas recubren una o varias enaguas, y una camisola que llega hasta las rodillas; el talle lo ciñe un corpiño, a menudo rígido y muy prieto, que realzaría sus senos si no fuese porque una pañoleta suele ocultar el escote. En esas condiciones, ver simplemente un pie femenino resulta tan incitador como hoy lo sea ver una pierna desnuda hasta medio muslo. Da igual que el pie esté enfundado por un botín de fino cuero o por un tosco zueco: es algo rara vez percibido, lleno de carga erótica. Hasta qué punto resulta así lo sugiere un pasaje de las memorias de Walter, donde él —que todavía añora a su querida Sarah Mavis— departe en una elegante casa de citas con cuatro damas «privadamente alegres».

«Un día me encontré en el salón a la señora Z***, una espléndida mujer de unos veintiséis años. Había también una mujer joven, que tenía dos hijos de un hombre con el que estaba a punto de irse al extranjero. Era una hermosa mujer. Las dos damas acababan de comer, a las dos de la tarde, con Hannah;

yo volvía de comer en mi Club y mandé traer champán. A mí me encantaba que me hablasen de Sarah, e inicié el tema. La madame dijo: "Bueno, desde luego es una mujer espléndidamente formada... espléndida, pero hay muchas otras... Yo tengo la pierna bonita hasta la rodilla, y también la señora Z*** y la señora ***" (se refería a la otra, cuyo nombre he olvidado). «Enséñanos las piernas», dijo una. "Miren —dijo Hannah, levantándose la ropa—; que se vean ahora las suyas." Todas enseñaron las pantorrillas, una detrás de otra. "Si tuviese las piernas de la señora Z*** y los muslos de la señora ***, podría imaginarse que son las piernas de Sarah", dijo Hannah. Yo casi explotaba de deseos de follar. La señora Z*** se levantó más la ropa y se puso en pie para mostrar mejor las piernas. Las otras damas hicieron lo mismo. Noté que me llegaba el placer, y —como no quería mojarme la camisa— empecé a desabrocharme. «¡Oh!, no puedo resistirlo —grité—; ¡oh, Dios mío, me estoy corriendo!», y en cuanto la polla pudo liberarse de los pantalones me corrí copiosamente, mientras tres mujeres sostenían sus enaguas casi a la altura del coño, mirándose y riéndose. No me había masturbado; fue sólo la plenitud y el deleite de ver los miembros de aquellas hermosas mujeres lo que hizo que me corriese. "Tiene mucho material", dijo una. Avergonzado, les supliqué que me perdonasen y mandé traer otra botella».

Ciertamente, no es probable que muchos contemporáneos de Walter llegasen a eyacular con tanta presteza ante la mera exhibición de unas piernas. Para eso hace falta un entusiasmo como el suyo, que no resulta tan corriente. Sin embargo, la economía del estímulo en tiempos victorianos incita a imaginar qué reacciones habría producido entonces el espectáculo de cualquier playa en un país civilizado, o simplemente algún anuncio de Levi's o Martini, cuya contemplación basta para hacer que un buen musulmán cometa pecado. El talibán que vea un informativo asiático de la CNN y, sin querer, presencie alguna de esas lúbricas piezas propagandísticas padece, sin duda, una agresión a su castidad comparable a la padecida por Walter en casa de aquella madame.

Nuestro héroe, con todo, no destaca especialmente como *voyeur*. Por más que pasa muchos días tratando de espiar el comercio carnal de otros, atisbando por agujeros y grietas de hoteles y lupanares, carece de la inclinación contemporánea hacia el sexo seguro o a distancia, y trata siempre de materializar sus deseos. A las dos horas del incidente, en el reservado de un café, inspecciona los genitales de la dama que le había dicho: «tiene mucho material».

3

La regla de su vida secreta es que el camino hacia la beatitud tiene como punto de partida genitales bien dispuestos. No conoce deleites superiores a los de la lujuria sin frustrar. Ese es el premio o cebo que la vida exhibe ante el viviente. Como para Paul Valéry, «la impudicia no necesita consideraciones generales, a mí me gusta pura». Todas las demás satisfacciones son tibias, insípidas o tóxicas (él mismo incluye bajo esa rúbrica las drogas, el juego y la ambición de poder) comparadas con la intensidad y salud del goce sexual. Los mínimos para una existencia vivible son unos duros que gastar, una protección frente a los congéneres puritanos, y no caer presa de alguna enfermedad. A su juicio, esas cosas se las debe todo hombre. Pero, más allá de tales mínimos, la *gana* debe suplir punto por punto a la obligación; como alternativas vitales no hay sino gozar mucho, poco o nada con uno mismo y el mundo, cosas sinónimas —para una ética como la suya— de buen juicio, poco juicio e idiocia respectivamente. Los tullidos congénitos y algunos enfermos, que en la época se llamaban de los nervios, son meras excepciones al principio general de que nacemos capaces para los juegos lascivos y las demás satisfacciones sexuales. En todo caso, vivir insatisfecho es peor que no haber nacido.

Sin embargo, dentro de su propia desmesura, la búsqueda de placer ha de regirse por la moderación. Fiel a Epicuro, lo que Walter observa es un continuo cálculo de pros y contras. Saltará sobre la costurera tan pronto como deje de trabajar para su mujer y abandone la casa; no quiere líos con la servidumbre mientras interfieran con el orden doméstico, y puede esperar en brazos de otras —de ello se ha asegurado muy bien. Aunque haya poseído a tantas mujeres, cumple una y otra vez la máxima hedonista, que recomienda no perseguir gustos capaces de suscitar disgustos superiores. Es un hombre de pasiones serenas y, por eso mismo, insaciables. «Ciertos hombres, y yo soy uno de ellos —dice—, podrían observar un coño durante un mes, sin apenas desviar los ojos.» No pocas veces su lujuria le acerca a situaciones humillantes; incluso corre peligro de quedar públicamente en ridículo, y en alguna ocasión escapa por los pelos de ser descubierto delinquiendo contra la moral y las buenas costumbres. Pero esos albures los salva, o procura salvarlos, con tenacidad y aplomo, sobreponiéndose una y otra vez al desaliento.

El verdadero peligro en un individuo como Walter era caer cautivo de su presa y máxima fuente de placer —las mujeres—, desarrollando su sino en la línea masoquista de la novela rusa o el folletín francés, con pulsiones incontrolables y mucho melodrama. Pocos estuvieron tan expuestos como él a entrar en alguna relación autocontradictoria, como amar a quien le desprecia, querer copular con quien le produce impotencia, recurrir a la agresión propia o ajena para excitarse, y la amplia gama restante de sabotajes histéricos. Pero ese escollo lo esquiva sin pausa. Aunque siendo joven, por ejemplo, se enamora de una casada aparentemente frígida, su paciencia acaba venciendo la frigidez; en otro caso habría dejado de frecuentarla, como deja de frecuentar un restaurante quien resulta mal atendido allí.

No cae en la tentación del pelele ni en la del rebuscado, simplemente porque no se enamora de la manera convencional. Como comentaba un sociólogo, «es un triunfo de la mente sobre lo material sometido al tabú». Con las mujeres, y con los escasos hombres de su vida, conversa y copula; procura evitar cualquier retorcimiento pasional, y jamás se consiente los humanos celos sin sentirse avergonzado, como quien boicotea una fuente de placer hasta convertirla en su opuesto. Su antídoto favorito para estos casos es el trío. No hay duda alguna de que la señorita de compañía Charlotte, la doncella Lucy, la adúltera Sarah Mavis y las hetairas Camille y Helen, por ejemplo, fueron amadas por él con singular intensidad, como prueban las encendidas descripciones de sus encantos, el relato de sus goces con ellas y hasta los cuidados extrasexuales que les prodigó. Sin embargo, ni siquiera en esos casos impera un afán de posesividad.

Walter es un diálogo permanente de la razón con la picha; la segunda impele y consuma, la primera pone los medios para cumplir los deseos. Lo insólito —dada la época— es que ese diálogo rara vez desemboca en disputa, sino que frialdad cerebral y calentura lúbrica son en este hombre dimensiones complementarias. Las escasas excepciones se refieren siempre a lo que él llama «actos perversos», como la primera (y prácticamente única) vez que practica el coito anal con una mujer, o cuando palpa a un hombre.

A modo de ilustración, entre otras muchas, puede servir su conducta con la mujer llamada Helen, a quien frecuentó más de diez años, y de quien dice que fue la más perfecta belleza y la más voluptuosa amante de toda su vida. Acaba de copular por primera vez con ella y de sentir «al instante amor y lujuria», así como «el deseo de abrirle el corazón». Helen pide entonces como estipendio cinco libras (cantidad muy notable entonces), y Walter entrega lo que lleva, prometiendo traer el resto al día siguiente, mientras se lamenta por no haber sido informado de antemano sobre precios. La descripción de su conducta ulterior es esclarecedora:

«Me vacié de cuerpo y alma en ella. Ella escuchó y parecía disgustada. No me tenía aprecio. Y tampoco me creía. Dos días después le llevé el dinero prometido; ella no lo esperaba, y se dignó entonces preguntar si iba a verme de nuevo. No. Era demasiado cara para mí. «Está bien», contestó ella muy compuesta, y nos separamos. Al arrancarme de ella, mi corazón se dolió por ver otra vez esa bella forma, por ver, besar, chupar y follar ese delicioso coño, por darle placer *a ella* si me era posible. Aunque la vi después en los cuartos del Argyle (e incluso fui para verla allí), me resistí. Me ayudaba la creencia de que le disgustaba, no sabía por qué, y pasó un año antes de que abrazase otra vez sus encantos».

Walter tenía recursos sobrados para permitirse incluso ese precio, y la imagen de aquella mujer le acompañó sin tregua desde entonces. Si era un maníaco obsesionado con la concupiscencia, ¿por qué se abstuvo de volver todo un año? Su texto lo deja bien claro: en un platillo de la balanza estaba la golfa espléndida, sueño cumplido de sus fantasías más exigentes, cuerpo amado y deseado ya a primera vista; en el otro había un precio excesivo, y una aparente falta de aprecio por parte de la mujer. Apartando la tentación masoquista, Walter no duda un instante: pesa más lo negativo; mejor esperar, o renunciar. Pero sólo puede esperar y renunciar aquel que en el fuego de sus pasiones permanece sereno, el que quiere reciprocidad y no se conforma con cualquier cosa, el hombre libre. Esa forma de amar es afín a un consejo de Lucrecio:

«Así, cuando un hombre es atravesado por los dardos de Venus, lanzados por un doncel con miembros femeninos o por una mujer que irradia amor desde todo su cuerpo, se esfuerza en llegar a la fuente de la herida y anhela quedar unido a ella, y transmitir algo de su propia sustancia de cuerpo a cuerpo. Esto es, pues, lo que llamamos Venus, el origen de la cosa llamada Amor. Pero no se piense que al evitar grandes pasiones nos estamos perdiendo los deleites de Venus. Al contrario, se cosechan así los beneficios que no incluyen penalidad en sí mismos. Estate seguro de que este placer es disfrutado en una forma más pura por los sanos que por los enfermos de amor».

4

Según la Ética de Spinoza, todo ser físico es un esfuerzo ilimitado por perseverar en su existencia, que si no padeciera la acción de agentes exteriores se mantendría eternamente. Sin embargo, como el mundo es plural, las tentativas se interfieren y atropellan, sembrando la semilla de Pólemos —el conflicto—. Tras variados lances, con victorias y derrotas parciales, llega el episodio inefable de la muerte. Dependiendo de la opinión que les haya merecido su plazo, para unos será victoria definitiva, para otra derrota no menos definitiva. En ambos casos, el conflicto no lograría mantener sus miríadas de legionarios —tan estimulados y prestos a correr con la suerte de vivir— si la existencia fuese sólo un compulsivo esfuerzo. Jalonando el esfuerzo está lo otro, aquello sin lucha que es la sensación en sus mil formas, el sentido que constituye la presencia y la presencia que constituye el sentido.

Sustantivando los términos, la Sensación enjuicia el Esfuerzo: el continuo eco de ese juicio son los ánimos, que se trenzan creando la personalidad específica de cada uno, aunque sean fluidos permanentes e impersonales en sí mismos. Para organizar su revuelto caudal tenemos entendimiento y voluntad, si bien la organización empieza y termina en un relativo control del movimiento corpóreo. Como los ánimos no se eligen, la deliberación reprime o estimula algo nacido sin su concurso; y la represión o el estímulo no son tampoco actos enteramente libres, porque cada ánimo conlleva la cualidad del gusto o el disgusto. Placer es sensación desprovista de dolor, esfuerzo consentido; dolor es sensación desprovista de placer, que desgarra como un combate sin recompensa.

Gracias al placer los vivientes conocen la alegría, y gracias a la alegría cobran nuevas fuerzas para seguir viviendo. El dolor parece todo lo contrario —engendra tristeza, que reduce la capacidad de obrar—, si bien tiene tanto o más valor de supervivencia. Evita que nos perdamos en la sensación, haciéndonos conscientes de que esto o aquello hiere, mutila, merma; así espolea una y otra vez, moviendo a no aceptar lo inmediato. Con todo, hay un abismo entre quienes consideran el dolor como consecuencia de un pecado, que bien pudo no acontecer, y quienes lo consideran consecuencia de la propia vida, que al evolucionar produce sistemas nerviosos cada vez más complejos, con umbrales de sufrimiento más sutiles. Aunque en ambos casos el dolor mueva a no aceptar lo inmediato, aquello que ciertas religiones quieren sobrepasar es el mundo físico, percibido como piélago carnal para personas ávidas de un cielo puro, donde sólo contemplen la omnipotencia de su desencarnado Señor. Otros criterios veneran precisamente el mundo físico, y quieren sobrepasar toda suerte de tiranos celestiales (legitimadores de los terrenales, por cierto), pues el aguijón del dolor no les mueve a sentir la concupiscencia como un destierro del alma, sino como aquello que reconcilia con el mundo real, convirtiéndolo en hogar.

Lejos de acumular méritos para otra vida, el epicureísmo entiende el dolor como una perturbación a suprimir sin contemplaciones. Aunque cada cual habrá de hallar personalmente el mejor modo de acercarse a semejante meta, ningún epicúreo participa del «creced y multiplicaos, someted la tierra» que canoniza la guerra eterna. La meta no es que haya mucha vida sino buena vida, o bien nada. Aplicado al erotismo, este criterio afirma que no hay placer malo, porque el derivado de sufrir o infligir dolor no es en realidad placer sino miseria, disfraz de la impotencia. Padecerlo o provocarlo puede ser necesario alguna vez —en cirugía, por ejemplo—, pero la vileza de toda mortificación voluntaria es que se haga por gusto, como ofrenda a la deidad. «Metafísica del verdugo», en la expresión de Nietzsche, este culto no sólo lleva la impronta del sadomasoquismo en sus fieles, sino una noción de lo divino como déspota parejamente cruel, ofendido por la concupiscencia de sus criaturas.

Sin pretensiones explícitas de filosofar, *My Secret Life* propone algo tan difícil como no sufrir más de la cuenta el mal de amores, y consuma ese atrevimiento mostrando día tras día, década tras década, cómo un individuo se enfrenta a los temibles demonios de la carne con la cabeza fría y el corazón caliente. Cuando su tiempo ofrecía amor romántico, amor puritano, amor galante, amor abyecto, en realidad cualquier amor distinto de una sistemática fornicación. Walter disecciona los peajes particulares de cada uno y se niega de plano a pagarlos: no se siente culpable por ser como es, sino muy afortunado. El paraíso está aquí, «en el disfrute de coño y picha», siempre que el amor no se torne enfermizo, cayendo en tiranías que alteran el equilibrio entre Esfuerzo y Sensación. Con la paciencia de la acción reflexiva, complementada por su meticuloso cultivo de la memoria, Walter propone que fornicar es bueno, sagrado. Así, indirecta pero categóricamente, declara amar la (su) vida, y tener motivos bastantes para vivirla tal como es, con todas sus trabas y reveses, pero con todos sus azares y goces. Puede haber amor sin sexo, puede haber actos ajenos al amor y al sexo, pero es imposible que haya verdadero sexo sin amor; hacer sexo es hacer el amor.

«Sabio —argumentaba Eugenio Trías— es quien ha logrado mantenerse supremamente fiel a un objeto amado.» ¿Podríamos nosotros ser supremamente fieles a un objeto como la lubricidad, desnudo disfrute de *la carne*? La escandalosa historia de este libertino así lo sugiere, añadiendo la insolencia de hacerlo sin maquillaje. Ciertamente fue mejor acostarse a escondidas con Loo, la pelirroja hija del frutero, con sus rotundas nalgas, que tratar en vano de meterle el pene a aquella institutriz flacucha, cuyo vello púbico apenas pudo rozar unos segundos (a causa de sus estentóreos chillidos). Sin embargo, él describe ambas empresas como cosas memorables. De ahí que su fidelidad a la lujuria no se pague con una amargura posterior, ni sea un gusto de posos ácidos como el que Manrique nombra, al decir que «después de acordado da dolor». Lejos de ello, Walter asume en éxitos y fracasos una épica análoga a la del marino con los vientos, adaptando sus velas a sobrevivir sobre peligrosas y amadas aguas. Escribe su enorme diario porque el recuerdo revive cada episodio, y en cada uno —cumplido o frustrado— se agita la lujuria, lujo primordial de la vida.

Hay aquí una compenetración de hedonismo y pragmatismo. Comparado con el neurótico, que se coloca en la disyuntiva de sacrificar su sensatez a un principio infantil de placer (yo, yo, yo, mis caprichos ahora mismo), o acatar un principio de realidad puritano, equivalente a la represión sistemática, donde el deseo sólo se cumple tras el velo de sueños o síntomas obsesivos, Walter demuestra que admitir el principio de realidad —poniendo en práctica trabajo, autoestima, renuncia y paciencia— es la única manera de cumplir las metas placenteras; en otras palabras, que no hay oposición alguna entre pulsiones naturales y sentido del límite, sino complementariedad. Darse gusto —sobre todo comiendo, bebiendo y copulando— resulta sencillo, renovable y duradero.

Es por eso una banalidad oponer la ambición de placeres a una ambición de supervivencia, supuestamente distinta del impulso genérico que lleva a entrar en contacto con objetos placenteros. De hecho, esa banalidad suele actuar como un biombo, que oculta la mala fe: o tengo mi satisfacción sin pasar por las mediaciones prácticas del momento, o no me interesa gozar; o todo o nada. Naturalmente, es imposible vivir sin gozar, y pretenderlo nos hace histéricamente autoritarios. En la práctica, quien se niega al pacto entre placer y realidad mezcla una pataleta infantil con el más viejo resentimiento hacia el resto de los mortales, que tuvieron la buena fe —la humildad, si se prefiere— de no seguir su misma senda.

5

De antiguo —y sobre todo en tiempos recientes— se ha destacado la conexión entre sexualidad y sentimiento de la muerte. Eros se empareja con Tánatos en buena parte del erotismo occidental desde el marqués de Sade, y parte del movimiento psicoanalítico —en especial, Lacan— ha querido justificar teóricamente este maridaje. Muchos comentarios hace sobre la cuestión el ex seminarista Georges Bataille, que desde el primer libro al último subrayó la existencia de un estrecho parecido entre los gestos de la voluptuosidad y las muecas del espanto; según él, sólo es posible llegar al éxtasis desde la amargura, «porque las imágenes que excitan el deseo o provocan el espasmo [...] tienen a la vista el horror y la muerte». Ya Baudelaire había sentenciado que «la voluptuosidad única y suprema de hacer el amor yace en la certeza de hacer el mal».

Desde luego, el morir no es algo que se circunscriba al momento del fallecimiento, y la brevedad de la vida espolea —entre otras cosas— el comercio carnal. Pero todas las conexiones positivas del ánimo lascivo con lo nauseabundo, el cadáver, la muerte, el dolor, la humillación, el disfraz y lo excremental parecen efectos, conscientes o no, a la educación impuesta por el cristianismo. Esto es: cristianismo. Devastadoramente prosaico, Walter se explica actitudes del tipo Sade como consecuencia de dificultades para ligar, copular o eyacular, unidas a fuertes sentimientos de culpa. Nada hay tan anafrodisíaco. Él, que ha compilado exhaustivamente la literatura pornográfica hasta finales del siglo xix, llama a su inmensa mayoría «imaginaciones o mentirosos inventos, nada dignos de crédito»[6].

Lo digno de crédito en Sade, por ejemplo, es que la acción transcurre en conventos, con monjas y frailes como actores más destacados, anticipando siempre una insensibilidad propia y ajena; la insensibilidad propia se remedia siendo herido, y la ajena, hiriendo. Obsérvese que el supuesto desafío a la ortodoxia es pura ortodoxia, pues si algo ofende al dios bíblico es la lujuria inocente, el acto de gozar los deleites de un cuerpo, en vez de sentir entonces el acoso de inclinaciones diabólicas, o algún otro rapto de pánico. El lema de santa Teresa —«y tan alta vida espero / que muero porque no muero»— lo cumple el marqués usando altas dosis de agresión, rociadas con excrementos. En definitiva, rindiendo pleitesía a la *penitencia*. Para que su falo ereccione, y para que las vaginas de sus compañeras se mojen, necesita un ritual donde sacrificios cruentos, estiércol y farsa prosperan a partes iguales.

Poco distinto es el rito cumplido por los personajes de Bataille y sus imitadores, cuya transgresión se resuelve en hacer lo prohibido porque está prohibido, aprovechando las reglas del tabú para montar su magro festín. La joven intelectual se viste de monja, el no menos intelectual protagonista maldice al Creador («Dieu est un porc»), y copulan sin que ninguno de sus genitales alcance el estatuto de una existencia efectiva, como quien asiste a la proyección de alguna película. Al igual que el de santa Teresa, su cuerpo se consume en el anhelo de un cielo, que ahora aviva la lectura del *Manifiesto comunista* mientras recorren una galería de arte moderno. Ella le dice: «Méame, méame en el culo», y él opera a la manera del pintor abstracto, tan ajeno a aquellas precisas posaderas como el escolástico al reino físico. Si no supusieran transgresión, no harían esas cosas. Para ser

---

6,- *My Secret Life*, prefacio primero, párrafo primero.

exactos, tampoco las hacen efectivamente, si por efectivamente se entiende algo distinto de una fantasía masturbatoria; vale más imaginar que actuar, vale más pecar que sentir. No en vano el momento extático más intenso —entre los mencionados por Bataille— le acontece en el zoológico de Londres, mirando la protuberancia anal de un mono.

Mal le cuadran a Walter estos embozados servidores de la vieja fe, sin duda dignos de cobrar la pensión prevista para el mutilado por algún accidente irremediable. A él no sólo le atraen de un cuerpo la salud y la capacidad de sentir lujuria, sino la precisa concreción de su sustancia, la textura y el olor de una piel, aquel lunar y aquel pliegue de sus labios superiores o inferiores. El artículo «Coño», por ejemplo, que resume apuntes tomados durante décadas, incluye unas ciento cincuenta referencias a vulvas distintas, tratando —además— de relacionar cada morfología con temperamento y conducta de sus respectivas propietarias. Como comentan los prologuistas a la edición francesa de su obra[7], justamente esa atención al pormenor hace que en los miles de encuentros narrados no exista «nada monótono y repetitivo», pues «cada coño que visita Walter se hace único». Valga en ese sentido la descripción de Brighton Bessie, una dama de vida alegre con aspecto de tener veintitantos años:

«Ella se levantó libremente las faldas, y vi su coño. Estaba rodeado, aunque en leve cantidad, por un suave y espeso toisón de color castaño, sus nalgas eran densas, redondas, carnosas y firmes, la grieta parecía pequeña, era pequeña por fuera, y constaté que era pequeña también por dentro. Un culo grande, apretado por el hecho de estar tumbada, casi cerraba la abertura, de manera que —precisamente allí donde debe introducirse la picha— apenas era posible ver el agujero; su carne tenía el tinte ligeramente tostado de su rostro [...] Ad-

---

7.- Jean-Jacques Pauvert, para los tomos I y II; Annie Le Brun, para el III y IV.

mirando su coño y sus alrededores, sostuve una vela entre sus muslos. «Ábretelo, te lo suplico, te lo suplico.» Su mano descendió, el índice y el mayor se fueron a cada lado de la hendidura y distendieron los labios, mostrando la demarcación roja, un clítoris pequeño y bonito de aspecto, y las ninfas hasta la oscuridad carmesí, estrangulada, que se cerraba de modo firme y gradual entre sus nalgas, apretada por el peso de aquel cuerpo».

O la descripción de la cocinera Mary, una de sus primeras relaciones, que le consolará de perder a Charlotte:

«Su piel era de una blancura tan deslumbrante que sus medias blancas parecían apagadas en comparación. Una cabellera castaña muy clara que, suelta, le llegaba hasta la cintura, abundante pelo en el coño y las axilas, de un color castaño ligeramente dorado. Todo parecía más apagado que su color real, opuesto a la blancura resplandeciente de la piel. Amplias nalgas y muslos, un pecho firme como el marfil, brazos que rivalizaban en redondez y blancura. Sólo sus manos, teñidas por el trabajo, parecían oscuras comparadas con el resto de su gloriosa persona [...] La firmeza de su carne me impresionaba: si metía el dedo entre sus nalgas, o entre sus muslos, no podía retirarlo sino con esfuerzo. Habría podido cascar una nuez allí».

Con toda evidencia, fornicar nunca constituyó una transgresión para Walter, sino algo que afirmaba la costumbre de vivir. Habría quizá vomitado viendo el *Satiricón* de Fellini, y sin duda insultado a quienes le propusieran participar en una orgía con cadáveres, o simplemente una flagelación. Aunque el coño fuese la cosa que más amó del mundo, «rara vez —comenta— he tenido deseos anormales». Cotidianamente ebrio de «llevar a una mujer al impudor», la muerte nunca fue para él algo que invocase a angustia como modo auténtico de ser, en la línea del posterior existencialismo. Sería alivio si llegara con ocasión de una agonía dolorosa, o cesación del placer si ocurriese durante un orgasmo. En todo caso, no era un asunto de su incumbencia. Cuando ella llegara, él no sería. Mientras él fuese, no sería ella. Una vez muerto, como dice Lucrecio, «nada podrá incitar sus sentidos, aunque la tierra funda con el mar y el mar se funda con el cielo».

La falta de angustia en este viaje por el país de la concupiscencia no significa, con todo, que la muerte se vele o sepulte en pasatiempos. Esa certeza —como plazo para gozar la sensación— es sin duda el motor que genera su ingente promiscuidad. Consintiéndose el goce de lo concreto, protegido por su posición social, este caballero hace el amor en vez de santificar la guerra. Pero la muerte espera, y no puede por eso ni dejarse coger por alguna mujer para siempre ni conformarse él con nada específico. Ha de actuar su potencia, ha de aproximarse cuanto pueda a la totalidad de su poderío. La muerte le obliga a no detenerse, a correr su maratón de vaginas y gemidos con la misma mortal seriedad que mueve a una vocación. Más sincero que Baudelaire, Bataille y su estirpe de supuestos erotómanos, Louis Aragon menciona en *El coño Irene* que su carácter tiende a la tibieza, y —aludiendo a gentes como el autor de *My Secret Life*— añade:

«Ellos son los verdaderos señores del mundo físico [...] Todo lo que es irremediablemente pobre para los desdichados individuos de mi temple, en las posibles complicaciones de la voluptuosidad, tiene para otros, bien lo sé, el prodigioso valor metafórico que yo sólo presto a las palabras, ¡Cuánto me complacería ser el primer maníaco en llegar![8]».

8.- Cfr. Jean-Jacques Pauvert, en su prólogo a la edición francesa de *Ma vie secrète* (vols. I y II), Stock, París, 1994, págs. 7 y 8.

6

Los libertinos del XIX no sólo estaban urgidos por la finitud, sino por una persecución policial muy concreta. Tras siglos de inquisición católica y protestante, que no sólo perseguía a brujos y brujas, sino a «lujuriosos» —el Santo Oficio de Cuenca, por ejemplo, muestra un número parecido de condenas debidas a lo uno y a lo otro—, las revoluciones liberales dieron paso a un largo interregno que, en la práctica, resultaba casi tan peligroso para escritores y editores como la teocracia previa. En 1873, el prócer moral Anthony Comstock crea en Estados Unidos la Sociedad para la Supresión del Vicio, eje de una cruzada federal contra la obscenidad que —por esquema y métodos— constituye el precedente inmediato de la posterior cruzada contra las drogas. Convencido de que «ni el arte ni la ciencia pueden ignorar el Evangelio», Comstock impulsó una dura legislación sobre imágenes y publicaciones lascivas, cuyo reo más célebre sería la escritora y feminista Margaret Sanger, acusada de escribir en 1913 algunos artículos sobre control de natalidad, por los cuales exigía el fiscal una pena de reclusión durante cuarenta y cinco años. Sanger consiguió huir del país, pero ese año cumplían condena en prisiones norteamericanas unos cinco mil dibujantes, escritores e impresores, mientras Comstock se jactaba ante el Congreso de haber conseguido que se suicidaran medio centenar de «viciosos». Sin llegar a extremos tan draconianos, la situación era bastante parecida en Europa.

Junto a tales amenazas, los libertinos hacían frente a un horizonte de embustes. Saturados de propaganda religiosa disfrazada como higiene, aquellos pioneros de la autonomía temían cosas terribles del sexo. Si cogían unas simples purgaciones, había riesgo de no curarlas bien y caer en una molesta cronicidad. Si contraían sífilis, estaban convencidos de que iban a morir sin remedio tras largas agonías[9].

9.- En realidad, esto fue una enorme exageración —atizada a partes iguales por el clero y algunos

Los consejos del padrino y mecenas de Walter en su adolescencia empezaban advirtiéndole los peligros de la masturbación (ceguera, demencia, tuberculosis) y terminaban aclarando que cualquier uso indecente de su cuerpo sería castigado con la desheredación. Walter necesitó ejercer de libertino durante cuarenta años para desechar algunas supersticiones vinculadas a la sexualidad, y ni siquiera entonces dejó de considerar muy pernicioso el onanismo. Sin anticonceptivos, sin sulfamidas ni antibióticos, en una sociedad puritana que de puertas a fuera declaraba abyectas las cosas del sexo, los hombres —y, sobre todo, las mujeres— arriesgaban mucho en cada encuentro.

A pesar de ello —algunos dirán: precisamente a causa de ello— floreció en esa época una copiosa literatura pornográfica, que dentro de su variedad presenta algunos rasgos comunes. En ella hay utopías comerciales —como *Romance of Lust*, *Venus in India* o las diversas novelas por entregas aparecidas en la revista clandestina *The Pearl*—, folletines entre el rosa y el verde como *Fanny Hill* o *Moll Flanders*, libros casi proustianos y de una tristeza insondable como el voluminoso *Suburban Souls*, y unas pocas obras que combinan el entusiasmo lúbrico con una desarmante sinceridad, donde destacan de modo muy singular *My Private Life* y *Memorias de una cantante*.

El primero de esos rasgos comunes es un paganismo explícito, que la mayoría de las veces resulta tan trivial como tópico, pero no deja de exhibir lo subversivo aparejado al caso. La lujuria es «Venus» y «Eros», a quienes los amantes adoran en sus (genitales) altares ofreciendo «libaciones», que transportan a «templos de beatitud». Desde allí lanzan ocasionales discursos sobre las miserias e hipocresías de la represión. Quintaesencia de lo escandaloso entonces, lo esencial de sus criterios ha dejado de escandalizar, y goza hoy de amplio consenso en culturas no musulmanas. Por otra parte, aquel mensaje eman-

---

médicos—. Aun sin tratarse para nada, sólo el 12,5 por 100 —es decir, uno entre cada ocho— de los infectados tiene probabilidades de enfermar grave o muy gravemente. Los otros siete bien pueden no saber siquiera que están colonizados por el *Treponema pallidum*. Véase *Encyclopaedia Britannica*, voz «Syphilis».

cipador arrastra serias cargas de hipocondría. Aunque inaugurasen un lenguaje coloquial y directo para actos que hasta entonces eran descritos de modo simbólico y eufemístico, los victorianos nunca hablan de orgasmo o eyaculación, ni emplean sustantivo alguno para ese preciso momento de la actividad lúbrica. En vez de *correrse*[10] dicen alguna vez *I'm coming* («me vengo»), e incluso *I'm doing it* («me lo estoy haciendo»), pero casi invariablemente exclaman *I'm spending* («me gasto»[11]), sirviéndose de una expresión que poco después caería en total desuso.

Sin duda, la eyaculación expulsa jugos internos. Pero tras el «me gasto» hay una cualidad adicional, que deslinda esos jugos del sudor, la saliva o las lágrimas. Quien eyacula sin finalidad reproductiva, a menudo y fuera del matrimonio, no es un productor de jugos propios sino un derrochador, ajeno a la pauta de ahorrar e invertir, que invoca el procedimiento de incapacitación previsto por la ley para los demás pródigos: será privado de la administración de sus bienes.

Al mismo tiempo, la segunda mitad del siglo xix es una fase de auge fabril inaudito, donde el derroche empieza a despuntar como meta y sentido últimos del atesoramiento. Desgarrados entre guardar y consumir, los fornicadores victorianos piensan que la libido no puede crecer ni sufrir transformaciones distintas de la evaporación. Por eso Walter, Charlie Roberts, Frank Harris, el capitán Devereaux y los demás héroes de aquel *underground* rehúyen masturbarse incluso en ocasiones idóneas (mientras espían a una pareja copulando, por ejemplo), y se disgustan seriamente cuando tienen poluciones nocturnas involuntarias. No quieren «desaprovechar» una sola gota de su racionado fluido. A tal punto llega esa actitud, que incluso las muy escasas libertinas dignas de crédito —como una culta mujer de quien

---

10.- La expresión castellana viene, quizá, del desdibujamiento de la polaridad yo-tú insinuada (cuando menos) en todo clímax, donde los cuerpos separados se sobreimponen y pierden la nitidez de su aislamiento.

11.- También «me estoy gastando».

hablaremos más adelante— participan de la misma aprensión: «No cedí nunca más de una vez a mi placer solitario, aunque mis sentidos pidieran mucho más [...] En otro caso habría perdido la salud, como millones de jóvenes anémicos de ojos sombríos, que aprovechan cada momento de soledad para gozar codiciosamente.»

Algunas décadas más tarde, cuando la revolución industrial haya ido extendiéndose a todos los niveles, gana adeptos el convencimiento de que los genitales son órganos cuya potencia deriva del uso. Los sexólogos recomiendan no atesorar, sino ejercitarse al máximo; acceder al orgasmo aunque sea por medios artificiosos, y tener el mayor número posible de ellos. Vemos así que cada civilización contempla a su manera la energía sexual. El victoriano se mueve básicamente dentro de la ecuación estímulo-respuesta, como corresponde a una sociedad donde las no-rameras son presas renuentes. El hombre contemporáneo se mueve básicamente dentro del par gratificación-rendimiento, como corresponde a sociedades donde la renuencia femenina se ha reducido a selectividad. En un caso la libido crece con su insatisfacción, del mismo modo que se expande un fluido al calentarse. En el otro, la libido crece con su satisfacción, como la confianza.

Por lo demás, estos opuestos simétricos no se excluyen, El criterio de hoy —que si alguien ha logrado ya un orgasmo con otro tendrá más probabilidades de disfrutar nuevos y satisfactorios orgasmos— lo habría suscrito cualquier libertino distinto de Don Juan[12]. Y el criterio romántico —que la energía sexual se enardece habitualmente con la represión— lo suscribiría sin vacilaciones cualquier contemporáneo.

12.- Los donjuanes se consideran grandes devotos del fornicio, aunque ignoran una fuente sexual tan pródiga como la *familiaridad*. En principio, el caballero que sólo hace libaciones venéreas una vez con cada dama evita «cansarse» de ella, prejuzgando despectivamente sus encantos; pero la prisa evita también que la dama se canse del galán, descubriendo quizá el patético incidente en cuya virtud éste no sabe recoger los progresivos frutos de casi cualquier árbol, y —por si fuera poco— apenas tiene apetito cuando se cobija a la sombra de alguno. Para entender a Mañara o Tenorio haría falta interrogar sabiamente a sus madres tías y hermanas, depositarias de aquella notable honra que ellos —una vez crecidos— se dedicaron a mancillar por sistema; parte de esa interrogación parece haberla hecho ya García Lorca en *Yerma* o *La casa de Bernarda Alba*.

Sea como fuere, lo extraño no es que sean tan poco amigos de la compañera elegida, ni que desprecian a tal punto los pormenores de su abrazo, sino que niños grandes y temerosos como ellos,

A nivel masculino, lo nuevo es que el tradicional *cumplir* lo mide el hombre como mayor gratificación suya, reflejo a su vez de que el género femenino ha dejado de ser una presa esquiva. Ambos sexos albergan ahora una certeza que antes parecía exclusiva de la mujer: cuanto más insista alguien en copular con quien le ha proporcionado poca o nula satisfacción, peor rendimiento ofrecerán sus genitales.

En otras palabras, la sexualidad no admite legislación, ni es manipulable por la voluntad sin invocar sabotajes. Se halla anclada a un principio de placer fundamentalmente autónomo, y castigará con impotencia o frigidez cualquier intento de vincularla a algo distinto de sus satisfacciones individuales. Asumido inicialmente por el libertino, y poco a poco confirmado por las sociedades secularizadas, este principio de placer arruina muy diversas variantes del credo autoritario, obstinadas en conseguir que reine allí también alguna ley general, unida a una inquebrantable decisión de cumplirla. Y, en efecto, hasta hace bien poco muchos proponían que cualquier otra alternativa implicaba rendirse a las veleidades subjetivas de la gratificación, renunciando así al control; como dijo aquel obispo de Cuenca (tras leer a Freud), imagínense legiones de esposos y esposas pensando que no son castos reproductores, sino personas impotentes porque se consienten una sistemática insatisfacción.

---

básicamente tarados para la fornicación, pasen al orden simbólico como lúbricos sátiros. Obsérvese que, acercándonos al final, semejante personaje se ve tentado por una cópula más duradera —con doña Inés o su equivalente—, si bien las cosas se tuercen de modo providencial, y nada se concreta en materia de prendas venéreas; también Poe, dado a unas estilizadas maneras de donjuán, acudió comatosamente borracho a su única boda con una adulta, acostumbrado como estaba a seducir sin copular o echar de menos a su difunta esposa Virginia (una prima de trece años, con entendimiento débil y ruinosa salud). Aquella comatosa borrachera logró —como la frustrada conversión del Tenorio— que la Providencia torciese una tranquila exhibición de sus prendas venéreas.

Desde la perspectiva de Walter, lo grotesco es la amalgama de prisa y autosabotaje, que convierte las hazañas amatorias en una sucesión de fraudes. Desde otras perspectivas, este símbolo de la masculinidad mediterránea tiene visos de historia doméstica edificante, como la que narraría una solterona virgen para ver si el señorito se deja de tonterías con sus amigos y atenta contra alguna honrilla (una sirvienta, por ejemplo) que —demostrando su competencia en esos menesteres— le incorpore al elenco de fecundadores. Para incorporarse, le susurra al oído, no hace falta pernoctar en los encantos particulares de la mancillada: basta mancillarla, echar semen en o cerca de ella. De hecho, si el señorito pernoctase en los encantos particulares de cada compañera ya no sería un respetable fecundador, sino un peligroso fornicario.

No es difícil imaginar esas legiones de cónyuges hoy en día, cuando tres cuartas partes de los matrimonios terminan en divorcio, y entre aquellos que no terminan en divorcio una buena proporción practica consentidamente el adulterio. De ese caótico descontrol nacieron ya nuestros hijos, que aun acosados por el fantasma del sida —más fantasmagórico aún que el de la sífilis[13] —evidencian una salud carnal bastante superior a la de sus abuelos y bisabuelos. Por lo demás, no todos los mecanismos represores de la espontaneidad en el sexo pueden atribuirse a una persecución como la cristiana, por larga y cruel que haya resultado, pues la aspiración controlista arranca también de un sistema compensatorio para sujetos celosos, acaparadores y desfavorecidos por alguna otra desdicha. Tanto en una sociedad represiva como en una sociedad no represiva, la impotencia es bastante más remediable que la falta de encanto.

¿Qué hay de potencialmente asocial en el encanto, el atractivo? En principio, sólo el aristocratismo de la selección natural, donde las personas alcanzan el grado de placer lúbrico que merecen. El merecimiento depende en buena medida de factores como juventud o belleza corpórea, pero en mayor medida aún de carácter y disposición, ya que el deseo atrae al deseo, y la satisfacción deriva finalmente de la sinceridad con la cual resulta perseguida. Cualquier cultura que prohíba con amenazas el ánimo lúbrico —y las relaciones abiertas entre sus miembros— rompe una lanza por conseguir que impere lo contrario de esta justicia física. Lo contrario es un reino de fealdad generalizada. Lo contrario es, también, que casi todos podrán pedir de modo irrevocable y excluyente la mano de alguien, o concedérsela a algún aspirante en términos igualmente irrevocables y excluyentes, evitando que un mercado libre de intercambios produzca desoladoras envidias; en vez de alinearse por

---

13.- Según la OMS, cuando la fornicación no provoca heridas, el contagio de sida se produce en una media de dos por cada mil coitos, siendo el riesgo mayor para la mujer (salvo cuando está menstruando). El diagnóstico de VIH, y su correspondiente «tratamiento», se analizan un poco en el ensayo siguiente.

su encanto personal, los aspirantes al disfrute de una vagina evitarán conflictos si hacen democrática cola para comprársela a sus progenitores, transformando el trámite de selección natural en un compromiso de naturaleza social y mercantil. Propiedades, salarios y otros avales se dirían más accesibles al conjunto del pueblo que un magnetismo erótico singularizado.

Aunque viviese tiempos de aristocracia arbitraria, que graduaba el encanto de cada uno por cosas ajenas al propio encanto, Walter percibe la alternativa de fondo con singular nitidez. Para su pasión inspectora de entrepiernas, a él le viene, sin duda, de perlas que haya tanta gente pobre o muy humilde, y que el dinero mande tanto. Pero su compromiso es precisamente no aceptar pretensiones de control sobre el sexo de otro que se apoyen en arreglos de índole plutocrática, empezando por el matrimonio y terminando en el concubinato. De ahí que su fidelidad no sea nunca sexual, o —mejor dicho— que sea muy fiel a casi todas las mujeres amadas alguna vez, aunque sólo en el sentido de seguir deseándolas, y esperando su bien. Le parece inadmisible que alguien se erija en propietario de un cuerpo humano, sean cualesquiera sus razones, y el tipo de relación que mantuvo con Helen —la mujer de su vida— así lo confirma. Lejos de adquirir y vender derechos carnales vitalicios, hizo cuestión de probar con su ejemplo que era posible —como comenta Gil de Biedma— «una pragmática moderación en el exceso», armonizando lo público con lo secreto, la pleitesía rendida a Venus con un vivo respeto por el resto de los dioses.

7

A estas alturas es oportuno preguntar si hay también un discurso femenino sobre el libertinaje. A mediados del XIX la situación erótica de la mujer no sólo era muy distinta de la actual, sino incomparablemente más incómoda y arriesgada que la del varón. Además de las enfermedades, el ejercicio extramarital de la sexualidad acarreaba con frecuencia los tormentos de la madre soltera, añadidos al infamante calificativo de puta —que con tanta generosidad atribuyen las casadas por dinero (adúlteras o no) al resto de su género. La plena equiparación jurídica y social sólo empezaría un siglo después, y en el xix lo previsible es que —de existir alguna libertina— perteneciese a la entonces llamada clase alegre.

Pero sí hubo una destacada libertina, que no fue cortesana ni ramera profesional, a quien debemos un texto de franqueza comparable a *My Private Life*, y verdadero mérito literario. El mundo vuelve a ser un pañuelo en este punto, y la primera referencia a él se encuentra en el *Index Librorum Prohibitorum*, de Pisanus Fraxi (alias de H.S. Ashbee, a su vez probable alter ego de Walter), mencionado como *Memorias de una cantante*[14] y atribuido a «la célebre diva lírica Wilhelmine Schröder-Devrient», una artista que le provocó versos al mismo Goethe. Fraxi no aclara por qué la autora de ese libro publicado anónimamente habría de ser la señora Schröder-Devrient, y nadie sabe con absoluta certeza quién lo escribió en realidad, aunque parece obra de una dama educada con esmero, cuya secreta fidelidad al erotismo se combinó con una vida pública de respetabilidad convencional. Siempre quiso «gozar todo sin arriesgar el honor», y mantuvo este criterio ininterrumpidamente desde los catorce años, cuando vio a sus padres copulando y provocó ella misma su iniciación, a manos de una joven institutriz; como en el caso de Walter, el servicio doméstico colaboró decisivamente en la transición desde inocencia a experiencia.

«Deseaba devolver centuplicado a Margarita todo cuanto me procuraba. Fue con rabia como metí un dedo, luego otro y al fin un tercero dentro de ella. La mano se me empezó a dormir,

---

14.- *Aus den Memorien einer Sängerin*, Anónimo, Verlagsbureau, Altona, vol. I, 1862; vol. II, 1870.

dada la mala postura. Noté que una humedad cálida llenaba mi interior, mientras su savia inundaba mi mano. [...] Esa noche única cambió mi vida [...] Observé que todos se disfrazaban a mi alrededor, incluso los más respetables».

El disfraz de todos era una indiferencia ante la lujuria, llevada a formas de insólito refinamiento en el género femenino. Aunque ambos sexos mostrasen esa afectación de indiferencia, la joven Guillermina descubre en seguida que la mujer va mucho más lejos en el arte de disfrazarse, y son notables sus consideraciones al respecto. La explicación prosaica es el temor a quedar en inferioridad con respecto a las demás —por falta de himen, fama de ligereza amorosa o preñez premarital, riesgos específicos que sin duda no afectan a los varones—. Sin embargo, Guillermina entiende que la desconfianza y la cautela femeninas no sólo son fruto de anticipar «desastrosas consecuencias», pues incluso allí donde semejantes peligros faltan por completo «la astucia y el fingimiento forman parte de nuestra naturaleza». Más allá de la moral social hay, a su juicio, motivos inalterables para el disimulo, válidos igualmente para la mujer fría y para la voluptuosa. Por lo que respecta a la primera, la coquetería y las alharacas en el momento de correrse tratan de ocultar su triste inverso:

«Aguas tranquilas, aguas profundas. Por experiencia sé que entre las mujeres quienes parecen prometer mucho son justamente las más insensibles, incluso cuando cumplen sus promesas».

Por lo que respecta a la mujer voluptuosa, lo que opera es un principio no menos paradójico:

«Nosotras damos placer, y dejamos ver que eso nos hace dichosas; pero algo inexplicable nos impide confesar o dejar ver hasta qué punto gozamos. No creo que haya para eso otra razón que el difuso sentimiento de conceder al hombre sólo los derechos que ya tiene sobre nosotras, y no aumentar en demasía su poder. Es preciso que ellos tengan siempre algo que combatir, que vencer; es preciso que la mujer tenga algo para conceder, incluso cuando otorgó ya sus favores supremos [...] Esto no es un simple cálculo por nuestra parte, es el instinto. La hembra animal se defiende, se retira, huye. El macho persigue, fuerza, domina. Cuando ha conseguido su meta, se aleja. Entonces la hembra le persigue, exige ayuda, protección y subsistencia [...] Creo que con esas luchas la naturaleza ha querido alcanzar el máximo de excitación, el más completo flujo de las valiosas savias, haciendo más perfecta la cópula. Por eso los hijos nacidos de un combate amoroso son más robustos que los nacidos de un matrimonio aburrido, ʹconcebidos entre la vigilia y el sueñoʹ, como dice Shakespeare. La provocación y el rechazo son leyes naturales».

Salvo por el valor que otorga a la desconfianza y el disimulo, la cantante alemana exhibe una concepción del mundo análoga a la de Walter. Bastante más pesimista en términos antropológicos («sin el matrimonio los deseos sensuales harían de los hombres unas bestias salvajes»), sobre ella «ejerce siempre un extraño e irresistible encanto todo cuanto se relaciona con la unión íntima de dos seres». Al igual que Walter, Guillermina armoniza de modo impecable los deberes profesionales con un «temperamento ardiente», y su vida es un curioso modelo de mesura. El registro de lances eróticos, iniciado ya al final de la adolescencia, muestra hasta qué punto el ardor era para ella compatible con un irónico desapego:

«Hojeando mi diario descubro que después de la relación con Ferry, que duró seis meses, compartí mis placeres homosexuales con Rosa sesenta y dos veces en el espacio de cinco años. Y durante esa época no concedí el menor favor a un hombre [...] Cuando aguijoneaba el calor de mi sangre tomaba un baño frío, o abría un periódico y leía un artículo de política. Nada me refrescaba tanto como un artículo de política; en comparación, una ducha fría es un excitante».

Como Walter, también Guillermina entregó sus ratos libres a una pasión comedida y, por lo mismo, constante. Se sentía miembro de una fraternidad intemporal, formada por personas a quienes congrega una devoción hacia «la gracia y belleza» del copular, concebido como «momento supremo de la vida». Se consideraba hermosa (cosa confirmada por sus contemporáneos), aceptaba con gratitud los piropos, y era femenina hasta el extremo de dejarse «enseñar lo que ya había practicado a escondidas». Pero entre miembros de la fraternidad venérea —ya sin las rémoras del fingimiento— su orgullo no derivaba de dominar un arte, y disponer de dones como un bello cuerpo o una firme razón, sino querer con franqueza el goce, merecerlo y transmitirlo, «detestando la coquetería cuando no es un arma de conquista o venganza». Para ser exactos, su contribución más específica a la hermandad fue un rasgo lúbrico:

«Tenía sobre todo un derrame muy abundante de ese bálsamo tan dulce y embriagador que se escapa de lo más profundo de la hendidura femenina en el momento del éxtasis. Los hombres a quienes me he abandonado eran incapaces de expresar su deleite cuando mi chorro les inundaba. Al principio creí que ese rasgo era común a todas las mujeres, pero es en realidad un don de los más raros. En París uno de mis adoradores más fervorosos perdió el conocimiento al sentir cómo le inundaba mi fuente por primera vez; después, cuando le concedía mis favores, retiraba precipitadamente su lanza en el momento del éxtasis para llevar la boca a la herida eterna y beber largos sorbos de la impetuosa fuente, tras de lo cual volvía a entrar con renovado ardor y descargaba a su vez».

8

A mediados del siglo XIX, la cantante alemana y sus correligionarios destacan sobre un fondo de personas tibias ante el deleite carnal (que pueden copular —e incluso disfrutar bastante con ello—, pero no descubren allí su «templo de la dicha»), y personas incapaces de deleite alguno. A diferencia de Walter, que se sentía rodeado casi siempre por infinidad de mujeres deseables, ella expresa un juicio casi siempre peyorativo sobre la calidad zoológica de sus contemporáneos, cuya única excepción son los hombres y mujeres de Hungría, a quienes describe como gente dotada de una maravillosa capacidad para el *ars amandi*. En el resto de Europa percibe un tropel de individuos «mojigatos, inabordables o muy feos, cuando no usados en exceso». Común a casi todos —y especialmente a las mujeres, que considera menos sensuales por lo general— es relegar los ritos venusianos a un lugar subalterno, exhibiendo una ética de doblez sistemática a la que ella responde con una medida idéntica de desconfianza. Como aclara en el prólogo, «gracias a mi sentido práctico he conseguido siempre esconder mi ser íntimo, nadie me conoce».

Y, en efecto, su intimidad habría escandalizado a más de uno. Vista de cerca, revela bastantes menos inhibiciones que Walter: es bisexual por costumbre, no le hace ascos al empleo de la fusta o los mordiscos, se hace sodomizar asiduamente, masturba cierta vez a un perrito y —al final de su relato— practica incluso el voyeurismo necrófilo. Aunque atraviesa sin dificultad largos períodos de abstinencia, es mucho más propensa que el libertino inglés a la desgana ante cualquier cosa ya ensayada, y con el paso de los años su búsqueda va pidiendo bastante más que nuevos compañeros. Es tentador ver en ello el mismo acicate que mantiene un interés tan vivo por la moda entre buena parte de las mujeres, aburridas cada año ante la ropa del año o la temporada previa. En cierta ocasión, comenta con una amiga libertina que «la sensibilidad de las partes sexuales disminuye, y es preciso recurrir a medios artificiales para reanimarla». Sin embargo, su deseo de proporcionar a los sentidos «un alimento siempre nuevo» nunca llega a consolidarse en una vena propiamente sádica, que «desea cuerpos torturados, calcinados, desgarrados, en vez de bellos cuerpos blancos»; al contrario, Guillermina emplea como anafrodisíaco infalible algún libro del marqués, cuando no dispone de una ducha fría o un artículo sobre política.

Junto a su apacible ironía, une a Walter y Guillermina una historia de amores sin vacilación, melodrama o patetismo, que continuamente subvierte los consejos de la convención social y el ánimo celoso: tres gozan más que dos, y si alguien pretende reprimir el placer de otro, no merece compartirlo con él. A juicio de ambos, los celos son una amalgama de tiranía e inseguridad, huella de la mortífera pasión que caracteriza a los animales en materia de territorio. De ahí que el trofeo conquistado por su tenacidad libertina sea precisamente haberles permitido desbordar esos horizontes estrechos, vislumbrando un mundo donde la meta no sea heterodominio, sino autodominio. En este mundo la razón de ser, el fin inmanente de la existencia, ya no es —para nada— crecer, multiplicarse y someter la Tierra. Como dirá Guillermina, «el fin de la naturaleza es la voluptuosidad, no la perpetuación de alguna especie».

En un orden más inmediato de cosas, el trofeo del libertino resulta ser una armonía entre la disposición amistosa y la lúbrica. Los frutos de no querer monopolizar sexualmente al prójimo son cauces de afecto no ambiguo y relación leal con cada amante. Se diría que el hecho mismo de ver en la lujuria lo supremo emancipa de las servidumbres habituales para quienes le otorgan un puesto más o menos secundario en sus vidas, premiando la entrega a ese objeto con serenidad afectiva. Donde otros se debaten entre la desgana y la posesividad, nutriendo a la larga confesionarios y divanes de psicoanalista, Guillermina y Walter trazan una divisoria nítida entre las cosas del bajo vientre y todo el resto; lo primero vive de y para la libertad, mientras lo segundo admite mil componendas intermedias. La divisoria es una indignante anormalidad para quienes se comportan al revés —legislando en materia de «coño y picha», chapuceando a nivel profesional—, pero lo verdaderamente escandaloso en ellos es que adoren el sexo sin verse abortados de la buena sociedad ni movidos a ingresar en alguna secta salvífica.

Llevada a su esencia, la vida de ambos sugiere que el impotente y la frígida son personajes falaces, cuando eso no deriva de alguna lesión orgánica. La capacidad de gozar está en función del deseo de gozar, de la franqueza con la cual se persigue: querer es poder allí. Desde la perspectiva de su sexualidad, los seres humanos no se dividen en potentes e impotentes sino en sensuales, menos sensuales e insensibles. Aunque traumas y entornos represivos pueden yugular y hasta torcer duraderamente el efectivo goce de alguna persona capaz por naturaleza, la moralidad sexual tradicional sirve el interés de los poco sensuales y los insensibles, permitiéndoles presentar sus particulares casos como modelo de honestidad y virtud. Son ellos los beneficiarios de una ética apoyada sobre el control del otro (cuando la ética es por definición autocontrol), pues sólo las almas venusianas logran impedir que lo erótico se fosilice bajo relaciones de dominio; el resto prefiere sujetar el uso de los cuerpos a reglas de adquisición excluyente. Pero ni siquiera así logra velar que su impotencia —tanto relativa como absoluta— es básicamente desgana.

Emmanuelle Arsan, la más notable heredera contemporánea de aquella cantante teutona, lo expresa a la inversa:

«El amor no ha sido inventado para envilecer, para dominar

ni para hacer temblar. No es el cine del pobre ni el tranquilizante del ansioso, no es una distracción, ni un juego, ni un opio, ni un juguete. El amor, el arte del amor carnal, es la realidad del ser humano, la orilla sin asechanzas, la tierra firme, la única patria verdadera».

9

El libertino victoriano exclama «¡me gasto!» al eyacular. Su romanticismo hace coincidir el momento supremo de la sensación con la conciencia de una súbita pérdida. Así el vaciamiento se torna éxtasis, y todo lo temido bajo el nombre de decrepitud es transmutado en el correrse o desdibujarse. Así también —se dirá— el éxtasis queda marcado de vaciamiento y decrepitud. Pero esta segunda lectura corresponderá más bien al erotismo marxiano, encabezado por el «Dieu est un porc» de Bataille y vaciantes de la angustia existencial que desde Pieyre de Mandiargues, Louÿs y Klossowski llegan hasta el breviario de masoquismo representado por *Historia de O*. La línea norteamericana —que ejemplifican varios libros de Henry Miller— no participa de esa relamida *décadence* y pretende alinearse con una actitud vitalista, si bien su vitalidad acaba siendo una suma de exageración, tosquedad espiritual y considerable oficio literario, desprovista por completo de valor erótico. Consolidada en soportes audiovisuales, la pornografía ha abandonado hoy casi por completo el marco de la mera escritura, explicando de paso por qué son tan insulsos, rebuscados y poco sinceros los libros recientes dedicados al asunto.

Los libertinos del siglo xix eran ateos por egoísmo, y politeístas por convencimiento. La teología les resultaba ajena, como les resultaba ajena —por incipiente entonces, y por epicureísmo— la muerte de Dios. Consentirse la pasión lujuriosa en su mundo (un mundo hipócrita, pero ferozmente opuesto a la carne) obligó a estos aventureros y escritores a sopesar muchas veces los pros y contras de su camino. La conciencia de una pérdida —la vanidad del esfuerzo espoleado por la sensación placentera— fue su modo de asumir lo negativo, lo único negativo inscrito en el hecho de vivir como vivían. El «me gasto» confiesa que cualquier tiempo futuro será inferior en fuerza, que va quedando menos sustancia vital, que la vida interna se escapa. El caso es que se escapa también para los otros, incluyendo desde luego al ascético ahorrador. Todos somos madera, y el fuego es eterno. Lo que esos libertinos pretendieron fue arder alegremente. ¿Abrevia acaso la alegría el plazo de combustión? Quizá sí, quizá no. Sólo es indudable que los fuegos amordazados producen el humo más venenoso.

Profundizando en el «conócete a ti mismo», divisa moral de los griegos, Freud cifró el progreso anímico de la humanidad en poner el yo donde imperaba el «ello», reino de las pulsiones inconscientes y reprimidas[15]. Mirados desde esa perspectiva, Walter y Guillermina destacan en su tiempo como héroes del autoconocimiento, que trataron con el intelecto un campo refractario al intelecto, y obraron con libertad en el feudo más intolerante del tabú. Quisieron guiar su satisfacción sexual con el norte de quien decide los platos de un almuerzo o recorre algún paraje apasionante: apego sin condiciones a lo erótico, desapego hacia todo aquello que se le añade desde fuera, para hacerlo seguro y respetable. Hoy, a siglo y medio de sus libertarias hazañas, una disposición como la suya se ha convertido para buena parte del mundo en sentido común, cordura. Unas diez películas clasificadas X, y varios kilómetros dé material gráfico parejo, se producen legalmente cada *día*. Más llamativo aún en lo que respecta al cambio, todo el universo promocional —desde golosinas infantiles hasta planes de pensiones, incluyendo electrodomésticos, vehículos y alimentación— se articula sobre imágenes y sonidos vinculados a la sexualidad. Entre otras muchas cosas que le son atribuibles, el sexo

---

15.- *Wo Es war, soll Ich werden*, en la frase de Freud, que Lacan traduce como «donde ello estaba debo yo advenir».

ayuda a vender casi cualquier objeto.

Forzados a una guerra puramente defensiva, con argumentos cuya validez ha acabado limitándose a la infancia, los defensores de la represión contemplan cómo se erosiona la frontera entre pornografía y realismo, obscenidad y arte, orgasmo y salud. A finales de los sesenta, cuando el erotismo empezaba a invadir los medios, anunciaron que no sólo traería descomposición moral, sino un incremento de la violencia, pues los ataques al pudor desembocan en conductas licenciosas, cuyo resultado son crímenes pasionales. Pasaban así por alto que ellos mismos estuvieron siglos incitando de modo directo ese tipo de crimen —en buena parte de Europa y otros muchos países—, con instituciones de derecho penal como aquella en cuya virtud el cornudo podía matar a su mujer y a la amante sin recibir otro castigo que un destierro; la cornuda, en cambio, era procesada por homicidio o asesinato —según los casos— si tomaba idéntica medida.

Esta misma mañana, 30 de agosto de 1997, cuentan los periódicos que una joven malaya sobrevivió (tras caer en coma) a su lapidación pública por adulterio, ceremonia acontecida en la próspera e islámica Kuala Lumpur, donde construyen ahora el mayor rascacielos del mundo. La noticia añade que volverá a ser ejecutada, por el mismo procedimiento, cuando se reponga del todo. Otro sistema para prevenir lujuria es ablacionar el clítoris de las niñas; se trata de una costumbre quizá ancestral en África, aunque sólo sigue prosperando en zonas y países donde domina Mahoma. Como era previsible, la cliterectomía es ejecutada por viejas —a ser posible del propio clan familiar—, que así ayudan a las pequeñas a enderezar sus pasos futuros.

Semejantes preceptos, y sus análogos, parecen anacrónicos en un mundo que no sólo ha desarrollado anticonceptivos bastante eficaces y cómodos, sino un respeto jamás visto desde la Atenas clásica hacia la idiosincrasia erótica de cada uno. Matrimonios de homosexuales, travestismo, alquiler de úteros, bancos de esperma, cambio de género, inseminación *in vitro* y otras novedades sin el menor precedente preparan un futuro tan dantesco para los viejos represores como halagüeño para la libertad. Los insensibles al ánimo voluptuoso —incapaces de acariciar al otro, y deleitarse con su caricia— seguirán trepando hacia puestos de mando, para poder al menos torturar al prójimo mediante controles. Pero el resto parece decidido a cambiar una ene por una pe, poniendo *voluptas* donde imponía *voluntas* y, desde luego, negando la premisa principal de los castradores tradicionales —aquella en cuya virtud la única finalidad legítima del acto copulativo es perpetuar la especie. Conscientes o no de ello, los contemporáneos han acabado suscribiendo aquello que Guillermina y Walter pensaban sobre los genitales: el verdadero sentido de su existencia es la voluptuosidad.

Un zoólogo podría decir lo contrario, pues —con toda evidencia— los animales que conocemos están regidos por el celo de las hembras. Tengan o no placer, copulan para perpetuar la especie, y si tratasen de hacerlo cuando la fecundación es imposible, toparían con una vagina impenetrable, y una compañera presta a sucumbir antes de permitirlo. El caso es bien distinto entre humanos, indicando hasta qué punto nuestra específica evolución ha creado autonomía individual en vez de obediencia colectiva. De ahí que no sea suficiente oponer *voluptas* a *voluntas*, como si la voluptuosidad fuese algo distinto del goce que corresponde a la autonomía misma. Al decir que el sentido humano de los genitales es el placer indicamos, de hecho, que la fuente última del placer es la libertad, porque la voluptuosidad sexual es una conquista evolutiva propia de seres libres.

10

Felicitémonos, porque la verdad dura siempre un segundo más que sus enemigos, concentrados aquí en estorbar la lubricidad de los demás y, más concretamente, el despliegue espontáneo de la belleza, que suele conmover al espíritu e invitarle a gozar de los abrazos —algo por definición íntimo y al mismo tiempo comunicable, esencialmente telepático. Nunca estuvimos más cerca de que el comportamiento venéreo se rija por la llana espontaneidad, sin otra pauta que amor propio y respeto hacia las decisiones —decisiones puntuales, variables— del prójimo. Este infierno para los fieles de dioses desencarnados, que por ello mismo se declaran únicos y omnipotentes, representa —para el resto— acceder al vestíbulo desde el cual se vislumbra una sala donde cada uno vaya aprendiendo a estar, ya que estancia —y no ser— es la suerte del viviente en general.

Cabe prever que lo inmediato, la etapa del vestíbulo, será una alianza perversa entre curarse de la soledad (contactos, mande foto) y puritano sexo seguro, empezando por el telefónico. Tomará tiempo, pues, deslindar lo sano de lo miserable; por ejemplo, reconocer hasta qué punto muchas estrellas del cine X son personas excepcionalmente saludables, que a su calidez natural y su compasión hacia lo humano unen un gusto exhibitorio, capaz de ilustrar al ignorante, corregir al torcido y asombrar al alma bella; o, por usar un segundo ejemplo, reconocer que el llamado morbo suele ser un disfraz de su opuesto, la insensibilidad. Movida a adorar el infantilismo fascistoide de otros géneros —presididos por el llamado de «acción»—, la plebe contemporánea tiene como alternativa el cine de terror, el culebrón, la bufonada y productos clasificados como eróticos, supuestamente más finos que una vagina chorreante y un falo tenso mostrados muy de cerca. Con todo, la diferencia entre elegancia y grosería acaba siendo en la práctica un apoyo a lo insincero, reforzado por el ínfimo capital que se emplea en describir la franqueza, si se compara con el que se pone al servicio de lo contrario; no en vano ha sido digno espectáculo público administrar muerte y tormento, e indigno ultraje a la moral dejarse ver copulando. A pesar de ello, lo tradicionalmente obsceno gana adeptos a un ritmo vertiginoso, como si Walter hiciese un guiño magnético desde la tumba, invitando a preferir lo simbolizado al símbolo, la sustancia explícita a su velada sugestión.

La ventaja del espectáculo libidinoso es que nadie resulta obligado a comparecer. Y la consolidación de tantas libertades relacionadas con él sugiere que no es sólo un pasatiempo en transitoria boga, sino algo preñado de grandes consecuencias. En efecto, parte de lo verdaderamente miserable en nuestra condición actual es permanecer de brazos cruzados ante la fealdad, entendida como estatuto de los feos, que son quienes experimentan una preterición en materia de encanto lúbrico. El asunto es hoy por hoy insoluble, desde luego, pues no basta recordar que en gran medida la *fealdad* —como la belleza— es un estado de ánimo; más de dos, y más de tres, son feos precisamente por su estado de ánimo.

Dada la plasticidad del viviente, en muchos casos no hay cesura alguna entre halitosis, furunculosis, lamentable semblante, peor cuerpo y otras desgracias perceptibles de inmediato con altos grados de respeto por la moral sexual tradicional. Es notable, en este sentido, el extraordinario número per cápita de negocios que ofrecen restaurar unos mínimos de belleza corpórea en zonas tanto ricas como pobres —pensemos en Singapur, Karachi o Dar es-Salaam—, cuyo denominador común es perseguir cualquier asomo de promiscuidad entre varones y hembras; allí donde la represión logra sacar adelante semejante meta, ni la piel ni los miembros ni el olor de las personas admiten compararse con los de zonas donde abundan libertinos y libertinas.

De ahí que algunas generaciones de no obstaculizada fornicación, guiadas por la meta de profundizar el mestizaje racial y cultural, prometen hacer más por mitigar la fealdad humana media que milenios de sermones, planes de estudio y tratamientos médicos. Véanse, si no, los efectos de la endogamia en todas sus formas, empezando por las familias reales. Allí donde abejas u otros insectos no trasladan lejos sus jugos sexuales, las flores eligen casi invariablemente a la más contigua como principal vehículo reproductor, y sus cepas van perdiendo vivacidad si se comparan con las de un campo polinizado, donde el cruce atraviesa márgenes superiores de azar y elección al mismo tiempo.

Instado por una gran movilidad social, el mestizaje ha crecido espectacularmente. Entre otras cosas, lo atestiguan numerosos autos de fe endogámica —hoy asumidos en nombre de Alá sobre todo—, que con la excusa de no discriminar por raza discriminan por todo lo demás, defendiendo un arsenal de castigos para variadísimos actos venéreos, que empiezan por la cópula consentida y terminan por una exposición cutánea que desborde nariz y ojos. Con toda evidencia, el fundamentalismo no quiere márgenes superiores de azar y elección al mismo tiempo en materia sexual. Al revés, todo se ordena allí de forma que esos alivios pasionales no puedan acontecerle a personas comunes sin graves riesgos, modo expeditivo de confirmar en el ahora más inmediato la omnipotencia del eterno trascendente. Elias Canetti lo describe:

> «Allí está Dios, como asesino que decide y manda ejecutar la muerte de cada individuo; y allí está el jeque que, con la mayor ingenuidad, se afana por imitar a Dios. Allí está la orden, que exhibe siempre su carácter arcaico de sentencia a morir; allí está el religioso reconocimiento de todo poder con capacidad para afirmarse —Dios lo da a quien quiere, ahora a éste, ahora a aquél— y su religiosa realización, cuya eficacia se resume —una y otra vez— en conseguir el poder[16]».

A pesar de todo, a sus limitaciones congénitas la represión sexual une hoy un desfase comparable al que media entre un carro de bueyes y un BMW, cuando ambos se comparan como vehículos para surcar el ya mundializado asfalto. La debilidad del represor brilla en el hecho de que —como lo anacrónico en general— topa con rivales que no pretenden serlo. Le sucede con la simple promoción

---

16,. *La provincia del hombre*, Muchnik, Madrid, 1987, pág. 195.

de los más diversos productos, con ñoñas revistas del corazón, con fotos de cualquier periódico y con toda suerte de emisiones televisivas, que al exhibir ciertas señales maquinan contra su castidad sin saberlo, simplemente adaptándose al gusto de aquella parte del mundo capaz de producir y exportar bienes codiciados, revistas, periódicos y televisión. Movido a odiar algo que no le tiene presente como adversario, el fiel se granjea las cargas de la hostilidad sin compensación; la compensación sería invadir y saquear al enemigo, obligándole a seguir en lo sucesivo sus dictados, pero eso no puede ser, entre otras cosas porque atrae de modo irresistible, y crea un movimiento general de migración hacia sus dominios. Desoyendo el consejo económico —no hay mejor desprecio que no hacer aprecio—, al ampliar el círculo de su enemistad confiere valor e importancia, aprecio, a aquello que considera despreciable por excelencia, lo cual socava con rapidez sus reservas morales ante la tentación, y en especial las de sus descendientes. Sólo queda entonces huir hacia adelante: morir matando.

11

Captada con la distancia que permiten dos milenios largos, la genealogía de los actuales humanos-bomba se presenta como una sucesión de sofismas y refutaciones. El primero, defendido por la secta pitagórica y Platón, su más elocuente portavoz, presentó el cuerpo como cárcel del alma, y los *afrodisiai* o apetitos carnales (comer, beber y copular, fundamentalmente) como miserias disfrazadas de gustos: el fruto final de los banquetes son orines y excrementos; la soledad que pretende paliarse mediante abrazos vuelve —y agravada— al cesar cada orgasmo. El deseo no es la expresión de un ser, sino la huella de un no-ser, de una carencia, y por eso mismo será siempre insaciable, desordenado y corruptor. La *hedoné* o satisfacción será por ello un alivio falso, siempre demasiado corto, enfangado en la materia, impuro. «Ridículos resultan —dice un diálogo platónico— quienes proclaman que el placer es un bien»[17]. Hijo del infeliz deseo, el placer es en realidad dolor, fuente de mal. La única satisfacción no engañosa es puramente intelectual, y constituye el proyecto del saber, la ciencia. Mejor no desear: dedíquense los bien nacidos a filosofar exclusivamente.

La refutación de este argumento llega muy pronto, con el aristotélico Epicuro. Evidentemente, los organismos vivos son seres metabólicos —cuya existencia transcurre absorbiendo cosas del mundo exterior y luego expulsándolas—, pero de ello no se sigue que semejante necesidad esté reñida con el placer. Es tan falaz comparar al gastrónomo con el tragón, que devora cualquier alimento y arrastra quintales de grasa por su falta de templanza, como comparar a una mujer saludablemente lúbrica con una ninfómana que se masturba o copula sin pausa, pero nunca logra eyacular. Sólo es insaciable el pseudo-deseo —venido quizá de un deseo mal reprimido o mal cumplido—, que careciendo de «naturalidad» desemboca en una forma u otra de insatisfacción (por otra parte, típica de quienes contraponen inclinaciones sensuales y aspiraciones espirituales). Lejos de ser tiránicamente desmedido, el deseo natural es limitado y discreto, accesible. De ahí, según Epicuro, lo poco que hace falta para ser feliz, si uno evita el papel de aguafiestas. El mero no sufrir es ya voluptuosidad óptima, *hedoné*:

«No nos hace falta placer, cuando no sufrimos[18]».

Por lo mismo, la ciencia —tan fundamental para embellecer y dignificar la vida— debe aplicarse a hacer máxima la voluptuosidad, sin perjuicio de diseñar tantos mundos ideales como luego se desee, pues los deseos deben ser razonables para poder cumplirse sin me-

---

17.- *Filebo*, 54 d.

18.- *Carta a Menedemo*, 128.

nores o mayores inconvenientes, y la razón se cultiva adquiriendo conocimientos. Gracias al placer humilde, corpóreo, estamos llenos de sensata plenitud, y preparados para conocer.

Obsérvese que el primer puritanismo y el hedonismo coincidían en preconizar la filosofía como bien indiscutible. En los turbulentos siglos siguientes acaba triunfando otro tipo de actitud puritana, que en vez de ciencia pide obediencia, y en vez de limitarse a hablar mal de los *afrodisiai* regimenta su uso a golpes de punición. Entre lo primero que se propone está reducir el centenar de tratados escritos por Epicuro (y otros tantos de Demócrito) a algunas líneas sueltas aquí y allá, destruyendo al efecto incontables libros. Pero el nuevo puritanismo teme a los epicúreos porque ve las cosas como ellos, y si prohíbe esa concepción es tan sólo porque desdibuja sus promesas sobre el cielo, y estorba su gobierno sobre la Tierra. El cristiano está convencido de que el deseo sensual engendra placeres descomunales, arrebatadoramente tentadores, que de no prohibirse o regularse llevarían a olvidar el precio de la salvación.

Dicho precio es, por supuesto, una amalgama de obediencia al dogma y mortificación libidinosa. La nueva moralidad aparece expuesta, por ejemplo, en Tertuliano cuando vilipendia las segundas nupcias de viudas maduras (incapaces de engendrar, que copularían por inmundo vicio), o en lo que piensa san Agustín de la violación. Su notable teoría al respecto no menciona el atropello y el posible trauma sufrido por la persona violada, incluyendo el embarazo involuntario. Lo verdaderamente peligroso e indeseable del violador es que puede «excitar» a su víctima, induciendo en ella reacciones lúbricas, pues el mero deseo supone ya asentimiento, olvido de Dios. Ahora bien, ¿qué induce lubricidad? En último análisis, dice Agustín, el origen es la *erección indomable*. Antes de comprometer su Paraíso, «la verga funcionaba como un dedo, a las órdenes de la voluntad después se transformó en ese órgano insumiso, sobre el cual no ejerce ninguna autoridad»[19]. Cada vez que hay erección se produce un sí individual autónomo —en perjuicio de la recatada obediencia al deber reproductivo—, y lo peor de ese sí es que posee capacidades muchas veces incendiarias, comunicándose a la antes impasible vagina, que empieza a dilatarse y contraerse, mientras la cabeza del útero avanza hacia el glande del intruso, para toparse con él de diversos modos; observado de cerca, el glande del clítoris también sufre algo parecido a temblores y distensión, signo de que ha perdido su digna tranquilidad. El conjunto de esta secuencia, que a Platón le sugiere un insípido chapoteo en la finitud, a Tertuliano y Agustín les parece algo tanto más culpable cuanto que indeciblemente dulce, capaz de sugerir que la vida terrenal no es la ocasión de ganar un posterior cielo o infierno, sino algo que por sí solo merece experiencia.

En lo sucesivo, y durante más de un milenio, este puritanismo se establece como verdad inmóvil, que la ley penal se encarga de custodiar. A finales del siglo XIV —cuando el Renacimiento empiece a exhumar la actitud hedonista— sus crueles sofismas serán asumidos por la cultura islámica, un monoteísmo que inicialmente había abundado en manifestaciones báquicas (como sucediera con los primeros cristianos), aunque evoluciona de modo gradual hacia lo contrario, y que a finales de nuestro siglo representa el ángel guardián de las esencias castradoras. Si bien la curia de Roma sigue clamando contra la fornicación, es la curia de Ispahán quien pone coto más eficazmente a esa plaga. Como explicitan en grandes letras no pocos aeropuertos de países mahometanos, *women are not welcome* cuando profesen cualquier otra fe; si encima se atreviesen a pasear por la calle, dejando al descubierto cosa distinta de los ojos, una turba reivindicadora de la honestidad podría reducirlas a jirones, y los integrantes singulares de esa turba no cometerían pecado.

Cuando lo venéreo se restringe al lecho conyugal, dichas restricciones realzan su vigencia. Allí donde las mujeres se compran, y

---

19.- Cfr. G. Sissa, *Le plassir et le mal*, Odile Jacob, París, 1997.

fornicar con ellas puede costar la vida, un número extraordinario de varones son precozmente sodomizados, y el incesto prolifera. Eros cobra su tributo, de un modo u otro. Lo que no cobra su tributo es la aspiración personal de felicidad, pues separar el espíritu de la concupiscencia crea desdicha. El resultado de imponer una separación es que la tiranía pase a gobernar ambas cosas; la concupiscencia se hace abyecta o rutinaria, mientras la curiosidad del espíritu se confunde con un sentido dogmático, ciego para lo real. Deberían vivir deseando una rápida muerte, que les permita acceder a los paraísos prometidos para el obediente, aunque en su inmensa mayoría tienen tanto miedo a morir —o bastante más— que ateos y paganos; Hegel lo llamaba conciencia desventurada: adorar el más allá, aferrándose con uñas y dientes al más acá. La única excepción a ese desgarramiento son los hombres y mujeres-bomba mismos, los benditos mártires que se adelantan para dar su vida de aquí por la vida de allá, exterminando de paso a tantos infieles como resulte posible.

12

La alegría del mártir, con todo, sólo bendice a personas que no son elegidas para desfilar en pasarelas, hacer cine, sentar cátedra en artes y ciencias, o sencillamente vivir y dejar vivir. Desde la perspectiva hedonista son sacrificadores sacrificados, hijos de doctrinas rencorosas, que visten la fealdad como decencia. ¿Cómo ayudarles? Se diría que el primer antídoto es ciencia, una *voluntad de saber* aplicada a lo erótico. Por sorprendente que resulte, todavía están rodeadas de tinieblas circunstancias como los tipos de fluidos vaginales, sus zonas de emisión y casi todo el resto de cosas relacionadas con la respuesta sexual humana. La ginecología/urología sabe mucho más sobre el funcionamiento de la próstata, el óvulo y otras vísceras accesorias que sobre la excitación lúbrica, con sus diversos signos y cualidades; para ser exactos, está más avanzado el estudio del sexo en botánica que en antropología. Así lo quieren, desde luego, quienes otorgan becas y subvenciones, a cuyo juicio orientarse en este campo es un rasgo de saber infuso, que se enturbiaría con cualquier observación directa de los demás, como la exigible para orientarse en cualquier otro campo de actividad humana. Nadar, leer o conducir son ejercicios que pueden enseñarse con aprovechamiento, ante todo observando e imitando a quienes destacan como nadadores, lectores o conductores. Acariciar y copular, en cambio, son actos que se corromperían irremediablemente en tal caso; por eso hombres y hasta mujeres comulgan con altas dosis de puro irrealismo —tantas veces comentado por Walter—, imaginando que su carga libidinal se aproxima a lo portentoso.

Desde luego, la posibilidad de saber en materia lúbrica —saber comparativa y empíricamente, como se saben el resto de las cosas— ha recibido un impulso inaudito en las últimas décadas, mejorando la comprensión de sí y el disfrute de innumerables individuos. Tras ella está la perspectiva de elevar lo venéreo a cotas de arte y conocimiento, practicando ambos sexos una libertina combinación de respeto, curiosidad y detenido examen. Por otra parte, la revolución acontecida no sólo significa poder hablar, leer y contemplar actos venéreos, sino realizarlos sin las servidumbres que impone un sistema de castas o un canon penal de conducta. Esto segundo —la libertad sustancial de elegir compañía, tantas veces como apetezca— falta aún en ciertos países y guetos del planeta, aunque alcanza niveles muy altos en otros. Con mayor o menor evidencia, la idea del control ajeno cede paso a modalidades de autocontrol, y el siglo XXI presagia malos tiempos para el ideal de posesión excluyente y sempiterna; al contrario, todo parece conspirar contra los viejos signos de propiedad privada y prohibido el paso, tan generosamente desplegados hasta ahora en el curso de cada vida erótica.

Eso no supone pasar por alto los celos, la ley animal del territorio, que seguirá animando irresistiblemente a tibios e inseguros, y tentando en mayor o menor grado a todos los demás, pues no somos aún sobrehumanos. Pero aquello tradicionalmente glorificado dejó de serlo. Si la libertad es la sustancia del vivir, el amor representa su sentimiento, el ánimo de la libertad misma. Los libertinos dignos de crédito aman constantemente, rodeados por una vecindad melindrosa, acaparadora y mórbida, que con una u otra excusa adora el miedo; los libertinos proponen lealtad y miramiento, allí donde sus perseguidores exigen compraventa, y cercas como las que delimitan el deambular del ganado. Por lo demás, nadie sabe qué acontecerá a medio y largo plazo en este campo, ya que las cosas se inventan o autoorganizan desde el comienzo del tiempo.

Lo que Walter deja como legado espiritual, en cambio, no es tan aleatorio. El detenido relato de su vida secreta muestra cómo hablar *desde* el deseo, cuando tantos otros hablan únicamente del deseo. Es «el secreto *del* deseo hablando al deseo, sin acompañamiento sentimental o intelectual»[20]. De ahí que desborde el concepto clásico sobre el placer como nirvana o alivio de tensión, probando con su ejemplo que hay inmensas alegrías preparadas para quienes creen, mantengan y aumenten la tensión erótica. En otras palabras, que la satisfacción va mucho más allá de extinguir o apaciguar los deseos, pues el deseo es aquí una modalidad de placer potencialmente infinita, cuya ausencia equivale a depresión. Mirado de cerca, ese deseo es deseo de verdad, que mueve a investigar hasta el último detalle una precisa parte de lo que es. Razón suprema de lo que es, el *logos* de Heráclito «reposa cambiando», y en el mismo sentido parece justo decir que el entusiasmo de Walter es calma, serenidad.

No ha habido nada parejo en la historia de la literatura, y bien cabría preguntarse si es poco, mucho o nada frecuente en la historia de la vida. No sabemos nada seguro al respecto, ya que los materiales de cada uno se ligan al pequeño círculo de algunos conocidos. Pero será imposible no aceptar que Walter inauguró esa privada parte de

---

20.- A Le Brun, ib. cit., pág. 38.

nuestra antropología. Quienes no quieren oír ni hablar de semejante conocimiento prometen siempre un premio enorme aunque inseparable del castigo, hecho todo él de pura obediencia. Como observaba Canetti:

> «Allí se encuentra la doble generosidad, la de *matar* y la de *regalar*; el modo que tienen de anticipar el Juicio Universal con innumerables juicios particulares previos [...] El único fin de la resurrección de los muertos será llegar a ponerse todos juntos a las órdenes inmediatas y tajantes de Dios[21]».

Nada más lejos de Walter que esta pesadilla vestida como gloria celestial. Siglos antes, François Malherbe (1555-1628) había hecho un soneto bastante cercano en actitud y llaneza:

> «Es un hecho curioso que en un mundo que pasa
> como la torrentera que a su término corre,
> si el hombre tiene un goce, apenas dure nada
> y en un decir amén Natura lo abandone.
> Habréis de confesar que el follar sobrepasa
> cuanto pueda sentirse de gustosos placeres,
> incluida la ambrosía del celeste banquete,
> tal como empequeñece al llano la montaña.
> Así pues, tomad nota: follemos, refollemos;
> una vez repuestos, remontemos de nuevo,
> y que sólo la muerte nos aquiete las ganas:
> pues, uno tras de otro nuestros polvos en ristra,
> después de haber follado quince lustros de vida,
> no habríamos, en total, follado seis semanas[22]».

21.- *Ibíd.*, págs. 141 y 195.

22.- Versión de Miguel Ángel Velasco.

Sin embargo, Walter no sólo está de acuerdo con Malherbe en cantar al fornicio. Dando un paso adelante, que rompe con la amargura implícita en el francés, muestra cómo basta follar diez lustros para poder haber estado follando años y años. Una vez más, la exageración sobra: Afrodita y Eros son generosos, si se les prestan los debidos homenajes.

II

Apuntes sobre bioética

Cómo cuidar la vida de nuestro cuerpo. Agradezco a quienes han organizado esta Semana de Filosofía que me encarguen disertar sobre un tema tan apasionante, pues con cincuenta y seis años a cuestas —que desde luego no transcurrieron entre algodones, en parte por embates del exterior y en parte por excesos propios—, algo sé por experiencia sobre cuidar (o descuidar) la vida del cuerpo.

Podría ir contándoselo despacio, destapando poco a poco las cartas, pero creo que será mejor empezar por el final, para ver luego sus porqués y sus cómos. Pienso, pues, que cuerpo y alma son una misma cosa, que toda salud o dolencia es básicamente psicosomática, y que cuidar la vida de esta unidad inseparable equivale a proteger sus fuentes de alegría. Entendida en sentido spinozista —como aquello que aumenta la capacidad de obrar—, la alegría es imposible si no nos aplicamos a vencer el miedo, manifestación primaria de la tristeza, que reduce nuestra capacidad de obrar.

El miedo tiene mucho de inevitable, porque la vida personal resulta casi ridículamente frágil, y la vida humana en particular es pura tragedia: el niño pregunta una sola vez a sus padres —«¿moriré yo?» y esa pregunta, jamás repetida, nunca deja de resonar por todas partes. Desde entonces vamos cobrándole apego a algo efímero, y si no encontramos manera de fundar el amor propio también en alguna forma de desapego caemos en un sentimiento de progresiva aprensión —la hipocondría—, que arruina de antemano no ya la alegría sustancial, sino una mínima dignidad cotidiana.

Me contaba, por ejemplo, mi abuela que un tío suyo no tocaba los picaportes en invierno sin ponerse un guante, para no enfriarse, y que se sentía incómodo si alguien hojeaba cerca de él un periódico, por las corrientes, aunque acabó muriendo de pulmonía antes de cumplir los cuarenta. El lado cómico/patético de su esfuerzo no debe hacernos perder de vista que lo peor de su vida era sin duda *todo el resto*, pues quien se preocupa a tal punto de no enfermar anda siempre encapsulado, sin otra existencia que la suya, asido a algo inasible, tratando de usar a los demás en todo momento, a la vez que incapaz de servir a nadie en momento alguno.

En el extremo opuesto de mi tío bisabuelo, que en paz descanse, hallamos a gente, como Alejandro, obstinada en equilibrar la tragedia con la épica. Ciertamente, pocos humanos llevaron tan lejos como él su batalla contra el miedo, y pocos alcanzaron parejas cotas de cumplimiento. Sin embargo, aunque ni seamos ni queramos ser pugnaces, como él, no dejará de ser aplicable a todos y cada uno de nosotros que o luchamos a brazo partido con el miedo o nos conformaremos con una existencia reducida, donde ser y nada resultan por completo intercambiables. Nuestros ancestros paganos lo describían con una expresión singularmente feliz: *et propter vitam vivendi, perdere causas*, que se traduce por: «y para seguir viviendo, perder las razones que justifican vivir». Esto lo destacaba, por ejemplo, Plinio el Viejo a propósito de la muerte autoprovocada. Pero no basta tenerlo presente para la última hora, pues es a cada paso, minuto a minuto, donde ganamos o perdemos el combate con la hipocondría.

En otras palabras, no hay salud sin denuedo, sin arrojo, como tampoco puede haber devoción o siquiera afecto hacia otros. Junto a su vertiente exterior, relacionada con los poderes mundanos, en ese denuedo es fundamental una vertiente interior, de querer saber los sentimientos que uno lleva dentro (para hacerse capaz de aceptarlos o —al menos— elevarlos a la conciencia), que allí donde falta condena al disimulo y, finalmente, a padecer de «los nervios». Pensemos, por ejemplo, en la envidia, definida por Spinoza como ánimo en cuya virtud alguien se alegra por el mal ajeno, y se entristece por su bien (una envidia que en francés se dice *jalousie*, con un término cuyo significado incluye inseparablemente los celos). ¿Cuántos hay en esta sala que se reconozcan envidiosos —como se reconocerían golosos, lujuriosos o ambiciosos—, y cuántos no han albergado jamás ese ánimo, o —cuando mucho— sólo han sentido esa envidia llamada «sana», que viene a querer decir simple emulación? Envidio desde luego, y muchísimo, a estos segundos.

Poco hay que decir del denuedo en su vertiente externa. La autonomía es lo menos gratuito de este mundo, y si no se conquista cotidianamente lleva en seguida a situaciones de agravio y servidumbre. Sólo hubo y hay tiranos porque otros prefirieron y prefieren rendirse al miedo antes que correr el riesgo de luchar. Sin embargo, ser mortales nos asegura que, en última instancia, nadie ni nada podrá esclavizarnos indefinidamente; de ahí que la más extrema crueldad sea impedir esa liberación, en los casos donde el suicidio no responde a un arrebato pasajero.

Al mismo tiempo, tampoco se trata de cantar la bravura como Homero y los antiguos poetas. Estamos en un tiempo distinto, donde sobran todo tipo de bravatas y artes marciales, un tiempo donde no parece haber mejor forma de combatir el miedo que trazar nítidas lindes entre valentía y temeridad. En vez de vencer al miedo, el temerario hace sabotaje al sentido común y al instinto de conservación, granjeándose una cantidad de dolor normalmente proporcional a su imprudencia.

Por su parte, el dolor no es una anticipación de aflicciones, sino la aflicción misma en estado actual. Gradualmente desde la mera sensación molesta a los abismos del tormento, esta causa universal del miedo merece mucho más en serio que él, y nuestro organismo así lo hace, con pasmosa puntualidad: cuando algo va mal, duele, a la vez que liberan analgésicos internos, producidos y almacenados por eso mismo. Semejante a la astucia de la razón mencionada por Hegel —que extrae positividad de lo negativo—, hay una especie de astucia del dolor, que aflige y mata, pero también informa y llama al alivio. Sin sus señales nuestro aprendizaje sería mucho más lento y abstracto, y estaríamos expuestos a la destrucción en una medida incomparablemente mayor. De ahí que lo horrible por excelencia, el talón de Aquiles de todo sistema nervioso, sea también su privilegio en el concierto cósmico, su salvavidas y su testigo más fiel.

1

Vayamos ahora a la aplicación prosaica de estos principios. El primero —la naturaleza psicosomática de salud y enfermedad— debe tomarse flexiblemente, como casi todo, pues un catarro o unas anginas son afecciones donde el ánimo parece influir mucho menos que en el asma o la impotencia. Sin embargo, el desánimo no es un factor despreciable jamás. Para evitar el círculo vicioso de qué viene antes o después, limitémonos a constatar que hay microbios y virus por doquier, aunque sólo ciertas personas —y en ciertos momentos precisos— padecen alguna infección suya.

Importa ante todo no caer en una simplificación localizatoria, que finalmente concibe la vida de cada individuo como si en el fondo fuesen dos: él mismo y su cuerpo. Nuestras almas flotarían a modo de aura invisible en torno a un esqueleto, soporte para un sistema de vísceras y músculos, conectado mediante capilares y envuelto por una capa de piel. La primera versión completa de semejante perspectiva aparece en los siete libros del *De humanis corporis fabrica*, publicado por Andrea

Vesalio en 1543, alguna de cuyas bellas láminas —con cierto aire de Durero en el trazo— probablemente habrán visto casi todos ustedes, ya desde la escuela. Hasta Vesalio, que fue médico de Carlos I, nadie había estudiado tan a fondo el cadáver humano.

Pero Vesalio pertenece a su tiempo, que está marcado —en Descartes, en Galileo, luego en Newton— por una rigurosa escisión entre lo pensante y lo extenso, lo ideal y lo material, las fuerzas y las masas, el soberano y el pueblo. Tanto se confiaba entonces en este divorcio que todo lo corpóreo se consideró inerte, movido mecánicamente, y se explicó por el procedimiento del análisis, que descompone un sistema en partes y subpartes. Huyguens acababa de inventar el reloj de cuerda, cuya articulación de engranajes y muelles podía desmontarse y montarse cuantas veces fuese preciso, y el universo entero se entendía como un colosal cronómetro, puesto a punto por el divino relojero.

Obsérvese, sin embargo, que los seres vivos permiten desmontar —esto es, diseccionar— con casi tanta sencillez como en el caso de una máquina. Lo que resulta inviable del todo es montar de nuevo, *recomponer*. De ahí que lo orgánico gustase muy poco durante cuatro largos siglos; no era reversible, como el péndulo imaginario de Galileo; no obedecía a la arquitectura de los cinco sólidos regulares de Euclides; no seguía líneas rectas, circunferencias, elipses, hipérbolas o parábolas, que eran las curvas geométricamente admisibles; no se dejaba prever con mínima exactitud. Al contrario, era básicamente una sustancia fluida, que se movía animada por torbellinos y otras turbulencias, como el agua y el aire, que desafiaba al determinismo mecánico con una especie de invención continua, como si en vez de autómatas inertes los organismos fuesen *psicosomas*, fusiones de lo pensante y lo extenso, contrarias al equilibrio fundamental del reino físico. Andando el tiempo, esa extraña forma de ser acabó llamándose *neguentropía* o entropía negativa, pues crea orden a partir de la inestabilidad, disipándose, y actualmente la ciencia del caos —geo-

metría fractal de la naturaleza, termodinámica del desequilibrio—
permite contemplar el universo de muy otra manera.

Sin embargo, el nuevo paradigma científico no ha informado
aún esa parte del supuesto autómata físico que tan minuciosamente
describe el *De humanis corporis fabrica*, y recorremos la vida con el
dualismo cartesiano a cuestas. Habitados por un fluido de ánimos,
ese torbellino de gustos y disgustos se superpone como un fantasma
subjetivo al objetivo mecanismo de relojería que representan huesos,
tendones y glándulas. Si nos sentimos mal, será cosa de localizar el
trastorno en algún punto de las láminas que dibujan el esqueleto, el
sistema circulatorio o el digestivo, imaginando que dicha representación no es representación —y, por tanto, metáfora—, pues la metáfora reside sólo en nuestro lenguaje y nuestros sueños. Ese interior
exterior, puramente espacial, se contrapone al río temporal de sensaciones como lo verídico a lo fabulado, hasta hacer que al término
nuestro estado —saludable o enfermizo— no dependa tanto de lo
que hacemos y sentimos como de retocar aquí o allá alguna de las
láminas donde parece residir nuestro ser real. Ojo con la perspectiva vesalista del funcionamiento. Su relación con la vitalidad no es
mayor que la relación que guarda una fotografía con lo fotografiado;
creer otra cosa lleva a separar alma y cuerpo, confundiendo al viviente con su cadáver.

2

Esbozado esto sobre lo anatómico en general, queda el segundo de
los principios, a saber: que la salud es básicamente un ánimo —la
alegría—, cuya presencia incrementa la capacidad de obrar. La medicina de orientación científica, que se remonta a la escuela hipocrática, nació con la expresa finalidad de entender naturalmente la
naturaleza, prescindiendo de causas mágicas o sobrenaturales para

explicar los fenómenos, y negando la virtud curativa de cualquier sacrificio transferencial —entiéndase de cualquier chivo expiatorio—, dos rasgos prácticamente universales hasta entonces en casi todas las demás escuelas de sanadores. Ni ensalmos ni encantamientos ni milagros ni corderos u otros seres vivos que con su inmolación laven las impurezas del mundo. Este noble propósito de los hipocráticos se complementaba con la premisa *primum non nocere* («ante todo, no dañar»), y con una noción del buen ánimo (la *eu-phoría*) situada en los antípodas del puritanismo. Se atribuye al propio Hipócrates haber dicho: «Conviene dormir sobre algo blando, entregarse al coito cuando se presente ocasión, embriagarse ocasionalmente.» Galeno, siete siglos después, sigue fiel a estas directrices, y define al médico como «servidor de la naturaleza individual».

Con la derrota del paganismo a manos de los cristianos, no sólo los médicos sino los expertos en botánica medicinal y farmacia se hicieron sospechosos, bien de tratos con potencias satánicas o de ajenidad con respecto a la sagrada fe. En la transición de la alta a la baja Edad Media los remedios más empleados son —por este orden— cirios votivos, agua bendita, cuerno de unicornio molido y polvo de momia egipcia; los clérigos se encargan de administrar las dos primeras medicinas al vulgo, y avispados mercaderes las segundas, cuyo exorbitante precio hace que estén reservadas a los opulentos. Todavía en tiempos de Isabel y Fernando la Corona exige pasar exámenes (entre otras cosas, de religión) a médicos y boticarios de estirpe hipocrática, mientras exime de ello a ensalmadores y terapeutas de otras escuelas, considerados más «competentes».

Por entonces toda Europa piensa que la mejor medicina es la doméstica, heredada de generación en generación, y se considera desastroso —para la salud y para el bolsillo— acudir a terapeuta alguno antes de haber ensayado detenidamente el arsenal de remedios caseros. Lo mismo dice Petronio en el *Satiricón*, y lo mismo opinaban los griegos —incluyendo a Hipócrates y Galeno—. Esta situación empezará a cambiar poco a poco, al ritmo en que se desanuda el vínculo entre la Iglesia y el Estado, pues el vulgo sigue siendo vulgo o rebaño, entidad requerida de pastores, y las tareas antes encomendadas al estamento sacerdotal irán siendo encomendadas al terapéutico.

El primer colegio médico se crea en 1518, como consecuencia del monopolio que la Corona inglesa le concede de otorgar licencias para ejercer en el área de Londres, y a partir de este momento se inicia también un duro y largo combate gremial, que, por una parte, opone a médicos y boticarios (exigiendo éstos que aquéllos no elaboren ni vendan drogas a su clientela) y, por otra, opone el binomio de médicos-boticarios a todos los demás terapeutas (herboristas, drogueros, curanderos, cosmetólogos, chamanes), que andando el tiempo recibirán el apelativo genérico de «matasanos», perderán su derecho a elaborar y dispensar drogas, y acabarán siendo sencillamente borrados del ejercicio legal de la cura.

Para cuando esto suceda —a comienzos del siglo xx— se ha invertido de modo espectacular la vigilancia del alma por la vigilancia del cuerpo. Durante milenio y medio fue cosa evidente que nadie debía leer o escuchar pensamientos sin autorización de su director espiritual. Luego será evidente que nadie debe tratarse o medicarse sin autorización de su director somático. El crimen previo —que era interpretar autónomamente las Escrituras— deja de ser tal crimen, si bien aparece entonces el crimen nuevo de automedicación o mera tentativa de tal, incluido en los códigos penales de casi todos los países del mundo como consumo o posesión de drogas ilícitas, y como auxilio al suicida. Movidos a ello por una lógica política de control, y por intereses profesionales, los hipocráticos pasan así del destino previsto por Galeno —«servidores de la naturaleza individual»— al de comisarios para una salud tan impuesta como cargada de ideología, donde la eutanasia ya no es sacrílega pero sí delictiva, por ejemplo, o donde los aguardientes son artículo de alimentación y el alcohol etílico un producto de farmacia, pero plantas mucho más nutritivas y medicinales (como la adormidera, el arbusto de coca y el cáñamo) son venenos sin apenas utilidad alguna, cuyo cultivo hace de alguien un delincuente. No es casualidad que el primer nombre de la psiquiatría fuese *medizinal polizei*.

Como cabía esperar, esta evolución impuso cambios en el concepto de alegría o euforia, que ahora iba a ser culpable —y punible— cuando proviniese de automedicación. Pero más cambio aún supuso a la hora de concebir su opuesto, la tristeza, y en particular la tristeza fijada sobre nuestro propio cuerpo que es el ánimo hipocondríaco, la aprensión. En vez de preconizar como fuente de salud el denuedo —y recordarán que combatir al miedo es el tercero de los principios mencionados al comienzo—, una medicina convertida en inspección obligatoria adquiere formas e ideales indiscernibles ya de la antigua administración eclesiástica. Tal como el ministro pronunciaba la misa en latín, para una feligresía que ignoraba por completo semejante lengua, el doctor pronuncia su diagnóstico (*pronostikós* decía Hipócrates) en una jerga no sólo terminológica sino sintácticamente abstrusa, para conmover con su ciencia a la clientela. Tal como los clérigos predicaban la culpa y profetizaban el castigo divino, salvo para quienes confesasen y comulgasen asiduamente, los médicos actuales predican la aprensión y el sufrimiento mortal anticipado, salvo para quienes acudan con asiduidad a sus consultas y se sometan a exhaustivos análisis periódicos.

Fijémonos un instante en los dispensarios de la Seguridad Social. Prescindiendo de los niños, cuando menos la mitad —y probablemente dos terceras partes— de quienes recurren asiduamente a sus servicios son personas que entran en el cajón de sastre llamado «trastornos funcionales e insomnio», tan adoctrinadas hoy en el *consulte a su médico* como hace medio siglo lo estaban en consulte a su confesor. Tras familiarizarse con su historia, un clínico competente y honrado podría decir a ese tipo de paciente: «Mire, la vida está llena de achaques, sobre todo a partir de los cuarenta y tantos. Veo que ha ido a muchos especialistas, que lleva mucho tiempo atiborrándose de fármacos, que se ha operado de varias cosas, y que espera de mí que le descubra algo todavía no detectado por mis colegas, gracias a lo cual podría sentirse realmente bien. Pero no conozco tratamiento capaz de suprimir sus molestias, sin riesgo de provocar otras mayores, y si estuviese en su lugar acudiría a un psicoanalista, o trataría de psicoanalizarme yo mismo.»

Puede ser que los médicos rara vez aconsejen esto —combinándolo con la lectura de grandes éticos, como Epicteto y Marco Aurelio— por delicadeza hacia el paciente, que quizá se sintiera herido. Sin embargo, no dejará de ser cierto que semejante actitud ocasionaría también cientos o miles de billones en pérdidas a la corporación más boyante de nuestros días. Aunque cada Seguridad Social se ahorrase la mitad o más de sus costes, una multitud ingente de laboratorios, visitadores, farmacéuticos, hospitales, clínicas, médicos y demás personal terapéutico iría a la quiebra, al paro o a la subocupación.

3

Sugiero que mientras no aceptemos la naturaleza esencialmente psicosomática de las dolencias —o, cuando menos, de muchas dolencias— seguirán engañándose vanamente a sí mismas infinidad de personas, seguirán creciendo inmensas corporaciones como la terapéutica en su modalidad actual (guiada básicamente por un fraudulento lucro), y seguirá aumentando una aprensión cada vez más inconcreta y constante en cada individuo. A mi juicio, son tres inconvenientes no despreciables en absoluto. Pero quizá lo más atroz de omitir ese componente psicosomático sea que priva al ser humano de su parte en el proceso que padece. Anclada a la perspectiva vesalista, que concibe la enfermedad como acción de agentes externos sobre un cuerpo reducido a mecanismo, la generación de nuestros abuelos y bisabuelos fue diezmada sin misericordia por la tuberculosis o «consunción», como se decía entonces, con un término que sugiere ser devorado. El devorador era un microorganismo —el bacilo de Koch—, que rarísima vez dejaba escapar a su presa.

Arrostrando feroces ataques de su gremio, Carl Gustav Jung propuso a mediados de los años treinta que una alta proporción de los tuberculosos eran enfermos psicosomáticos, aquejados de terror tanto como de infección, y desde 1950 —aunque el bacilo sigue existiendo en proporciones comparables (como corresponde a una bacteria que reside en el ganado bovino, tan extendido por toda la tierra)— sólo un porcentaje ínfimo de quienes dan positivo en tests de tuberculina sucumben. Se dirá que la causa del enorme cambio fue la estreptomicina, el antibiótico más antiguo después de la penicilina; pero esos bacilos llevan décadas siendo resistentes a la estreptomicina, y aunque se empleen nuevos antibióticos las condiciones materiales de vida (higiene, alimentación) parecen hoy decisivas. A fin de cuentas, es un hecho que la tuberculosis dejó de ser una enfermedad siempre mortal cuando en vez de concebirse como consunción debida tan sólo al microbio de Koch —mirando desde la óptica de Vesalio— se empezó a concebir como resultado de factores psicosomáticos y externos también. Esta segunda forma de verlo daba margen de acción al paciente, mientras la primera limitaba ese margen de acción al terapeuta.

Luego vino aquella curiosa teoría de los años cuarenta y cincuenta, desconocida para quienes no superan hoy la cincuentena, según la cual el cáncer no era sólo cierto quiste o atrofia con tendencia a crecer, sino una enfermedad contagiosa —concretamente, viral—, que liquidaba con la lógica de una peste. Lo recuerdo siendo niño y mozalbete, mientras mis padres y los otros mayores susurraban que a fulano o mengana le habían descubierto «algo», y nadie osaba proferir siquiera su nombre. Para prevenir esa epidemia apareció por primera vez el retroviral AZT, invento de la entonces pequeña Wellcome, que se repartió generosamente —y diezmó a muchos. Durante un par de décadas, el cáncer fue la más destacada causa de muerte en países industrializados. Convenía ir al médico, desde luego, a analizarse y obtener el oportuno diagnóstico (cosa recibida normalmente por su familia), pero no había cura alguna. Si la persona tenía dinero, había probabilidades de que pasase sus últimas horas con un analgésico potente, como la mal vista morfina. En otro caso, era inevitable encomendarse a la divina misericordia.

Por entonces empezaban a mejorar espectacularmente los tísicos, y poco a poco fue ganando fuerza la idea de que el cáncer no era algo de origen vírico ni, por tanto, contagioso. Nunca se dijo esto en primeras planas de periódicos, ni en las escuelas técnicas y universidades, pero el AZT volvió discretamente a los almacenes de su fabricante. A medida que el mundo industrial, productivo, se tornaba mundo financiero, consumístico, empezaron a ensayarse las primeras terapias de choque (ablación, radio y quimioterapia), y casi sin darnos cuenta la nueva peste dejó de serlo. Ya no sólo dependía de un inescrutable destino, apoyado sobre el diagnóstico del especialista, sino también de la actitud y la conducta de los damnificados, de su ánimo, y las estadísticas empezaron a cambiar. Cuatro décadas más tarde, hoy, el cáncer no es la principal causa de muerte en países desarrollados.

¿Qué ha cambiado en las células cancerosas? Nada, salvo el protocolo de su reconocimiento. Cada vez más, los pacientes reciben por sí mismos —no a través de un entorno que murmulla aterradamente— cierto diagnóstico que estimula a la acción, en vez de estampar sobre sus espaldas el símbolo del condenado. En realidad, sabemos hoy que nuestros glóbulos blancos devoran gustosamente ese tipo de célula, y que sólo allí donde *no* lo hacen —esto es, donde no lo hacemos nosotros, los individuos— aparece la enfermedad. Pero suele pasarse por alto que el crecimiento de dichas células implica una independización de cierta parte con respecto al resto, y que la cura no puede depender sólo de reducir el ritmo creativo en la parte independizada, sino de elevarlo también en las demás. Dicho con otras palabras, el tumor tiene algo de parte operante, que se resiste al abatimiento o dejación del resto, y amenaza con devorar un organismo ya minado por la desidia; en cualquier caso, devorarlo desde dentro, por implosión, no debido al asalto de agentes externos.

Si se comparan con el resto, las células de un tumor son indudablemente monstruosas (distintas por forma y capacidad de división), pero en modo alguno indeseables por fuerza, como prueban los hibridomas secretores de anticuerpos monoclónicos, que son células obtenidas extrayendo el núcleo de ciertos linfocitos e insertando allí el núcleo de una célula cancerosa, gracias al cual se hacen virtualmente inmortales. Esos hibridomas se emplean —ya hace tiempo— para reforzar defensas específicas frente a cada tipo de tumor. La fulminante morbilidad del cáncer no sólo ha decrecido de modo tan notable porque ahora se ensayan curas heroicas[1] sino porque esas curas ponen en la disyuntiva de vivir o vegetar, querer la salud o simplemente no querer morir.

Apliquen semejantes parámetros al síndrome de inmunodeficiencia adquirida, que se lanzó como castigo providencial para homosexuales, drogadictos y trabajadores del sexo, y que en la última década ha fulminado a unos diez millones de adultos en el mundo. A diferencia del tuberculoso, que empezaba sintiéndose muy débil y tosiendo sin pausa, el infectado por VIH no sólo no se siente mal, sino que ni siquiera está enfermo en sentido clínico. A diferencia del canceroso, no es posible detectar en su cuerpo tumor alguno. Con todo, el análisis

---

1.- Esto es, procedimientos que —aun pretendiendo atacar sólo al tumor— agreden gravemente al organismo entero, hasta el extremo de obligarle a encontrar una unidad global más enérgica o sucumbir deprisa. Aunque esté implícito en tantas terapias antiguas, fue Paracelso —el mayor médico del Renacimiento— quien de manera explícita pensó la enfermedad como autonomización de alguna parte, que sólo se reconduciría a una colaboración con todo el resto amenazando a ese resto, e invocándole así a ponerse al servicio de la «totalidad».

dice que alberga un virus mortal, cuyo período de incubación puede durar años. ¿Cuántos años? Un máximo de cinco, se dijo al principio; cinco años más tarde el estamento médico dijo que podrían ser diez, y hoy se habla de quince o diecisiete. Por si eso fuese poco, resulta que ciertas personas —como algunas rameras africanas— son «resistentes» al VIH.

Al igual que la tuberculosis y el cáncer en otros tiempos, el estamento sostiene que es una afección puramente somática, objetiva, donde no influyen ni factores ambientales ni hipocondría ni tolerar la presencia de sentimientos insanos para cualquier espíritu. Pero si bien la medicina hace unos mil experimentos por minuto en el planeta, a ninguna clínica parece habérsele ocurrido que era y es posible medir la evolución del sistema inmunológico en dos grupos de control compuestos por voluntarios: uno que —dando positivo— recibe un diagnóstico de negativo, y otro que —dando negativo— recibe un diagnóstico de positivo. Eso calibraría la *toxicidad* del diagnóstico en sí, factor que una y otra vez se pasa por alto.

Hipócrates, padre de la terapéutica científica, concebía el diagnóstico como algo hecho para *mejorar la salud* de un paciente, y tanto él como los demás médicos antiguos quedarían atónitos si viesen cómo ahora se llama diagnóstico la costumbre de profetizar una muerte a plazo fijo, reforzando ese pronóstico con un tratamiento a base de cierto veneno. Luego resulta que ese concreto veneno era inútil (salvo para enfermar más aún, confirmando el diagnóstico entre sujetos recalcitrantes), y quizá incluso que además de haber vacunas y otros remedios —ambientales y psicosomáticos, cómo no— aquel microorganismo no era la única e ineludible causa del morir. Afortunadamente, ese parece ser el caso también con el sida, que de enfermedad incurable ha pasado a clasificarse como crónica, y presenta visos de poder curarse radicalmente.

Tengamos presente que a la crueldad intrínseca del criterio vesalista se suma hoy la lógica adaptada a un expolio corporativo inaudito, sin precedente en los anales de la terapéutica. Concluida la guerra fría, esa lógica sugiere a la humanidad comportarse de forma inhumana con el apestado prójimo, arruinando su libido con prácticas de sexo seguro —como si tuviese sentido besar a través de la cortina de la ducha, y acariciarse con guantes— y, por supuesto, comprando AZT al precio de las mejores esmeraldas, lo cual ha convertido a la antes humilde Wellcome en la más grande compañía farmacéutica mundial, con mucho. Infinidad de laboratorios podrían hacer esa y otras drogas, quizá eficaces para el cuadro de síntomas llamado sida, y hacerlas incomparablemente más baratas.

Pero eso significaría socavar el fabuloso negocio de la enfermedad. Durante milenios, el interés objetivo de la medicina fue la salud, porque los seres humanos pagaban a sus médicos mientras estaban sanos, y exigían cuidados gratuitos tan pronto como apareciese alguna dolencia. Hoy no sólo les pagamos antes y después de enfermar, sino que una parte importante del gremio terapéutico se especializa en hallar dolencias que todavía no existen, y convertirlas en indiscutible realidad. Aunque quieran en principio curar, el peculio de terapeutas y laboratorios resulta directamente proporcional a que detecten y traten lo incurable. Así sucedió con la tuberculosis y el cáncer, así sucede con el sida.

No es aventurado suponer que el negocio de la enfermedad irá descubriendo plagas incurables cada una o dos generaciones, aunque a veces los agoreros resbalen con la cáscara de su propio plátano. ¿Recuerdan ustedes, por ejemplo, el revuelo organizado a propósito del virus *ebola* o —bastante antes— con el herpes genital? Pavorosamente contagiosas, radicalmente definitivas, absolutamente ajenas a lo que cada uno es en términos psicosomáticos, estas dolencias recibieron miles de primeras páginas; los responsables de la sanidad oficial pidieron inmediatas cuarentenas, y sus acólitos llegaron a hacer proyecciones de futuro tan asombrosas como las que hemos visto hacer a propósito del sida: en algunos años, un tercio o una cuarta parte de la humanidad iba a estar infectada. Con todo, ¿han visto ustedes en miles de primeras páginas —o siquiera en una— titulares que sencillamente digan: «Hay estupendos remedios sintomáticos para el herpes genital», y «No existe motivo de alarma en relación con el virus *ebola*»?

Cedamos a los vendedores de pánico el tono apocalíptico y los tintes demagógicos. La enfermedad no sería un formidable negocio si la aprensión no fuese un formidable vicio de estos tiempos. Nos ha tocado vivir una época donde la autoridad de la fe pasó a ser autoridad de la ciencia y, a pesar de algunos inconvenientes y amenazas nuevas, estamos en el mejor de los mundos conocidos. Como las demás ramas del saber humano, la medicina ha hecho fantásticos progresos, y la especie está en deuda con innumerables terapeutas y asistentes suyos, no sólo capaces de curar o aliviar dolencias, sino de permanecer junto al dolor y la muerte. Esa es la magnanimidad que conmoverá siempre. Mis reparos a la situación actual se ciñen a los aspectos precisos antes esbozados, y podrían resumirse con una tosca imagen: no sigamos comportándonos como ovejas apacentadas por lobos, que antes llevaban sotana negra y ahora portan bata blanca.

La salud es *nuestra* incumbencia también, aunque el ser humano sea un animal gregario, y hasta ahora haya depositado su propia custodia en otros. Ayer me contaba un conocido que cierta amiga de su madre le preguntó «qué tal», y cuando él repuso «bien» ella —muy sorprendida— inquirió: «¿Quién te lleva?» Evidentemente, aquella mujer pensaba en un médico. Con todos mis respetos por la dama, mi propuesta es que osemos llevarnos nosotros a nosotros mismos, siquiera sea en las partes practicables del camino.

4

Sólo me queda mencionar, muy a grandes rasgos, cómo cuido la vida del cuerpo propio. Por suerte o desgracia, nunca me he operado de nada. La última vez que acudí a un médico —porque estaba amarillo, y era mi segunda hepatitis— fue hace veintiséis años. No he encontrado hasta ahora ningún mal que no remitiese con ayuno y sueño, salvo unas anginas con fiebre alta hace un par de décadas, y unas purgaciones algo antes, que se fueron ambas con los antibióticos recomendados por el farmacéutico.

Siempre he sido casi inapetente, dado a picar antes que a comer como dios manda, y a tomar notables cantidades de miel, yogur, pan, ajo y aceite crudo (oliva virgen, por supuesto). Migas, callos y guisos donde haya abundante tocino son mis favoritos para el invierno, y todo el año tengo gazpacho o ajo blanco en la nevera, porque caen al menos dos tazones cada día. Ni antes ni hoy soporto dos bocados de algo que no esté elaborado con esmero, y partiendo de una materia prima decente; a la comida basura respondo con rigurosa frugalidad, tratando de encontrar alimentos alternativos.

Cuando era joven hacía veinte flexiones seguidas por la mañana, y me parecía mucho; ahora mi espíritu de sacrificio ha crecido, y lucho —casi siempre vanamente— por llegar a las cuarenta cuando cae la tarde, ante el espanto o la sorna de familiares y amigos. Como llevo tres décadas viviendo en o muy cerca del campo, hago una hora o así de leñas, con sierra y hacha. Creo que sienta bien forzarse a fondo algunos minutos todos los días, o al menos tres días por semana; y por a fondo entiendo llegar casi al límite de la resistencia física, cuando el corazón empieza a latir tumultuosamente. De ahí que —en natación— prefiera la mariposa a la braza, aunque la mariposa de un cincuentón sea patética.

No se crean que me encuentro bien, pero tampoco me encuentro mal a menudo. He tomado bastantes drogas psicoactivas desde los veinticinco años, por afán de conocimiento, por simple gusto y por vicio. Esto último sólo me acontece con el tabaco, pues fumo compulsivamente desde los quince, a veces hasta tres paquetes diarios; es una vergüenza, que no consigo evitar sin que la avidez calmada por el cigarrillo se me transforme en pésimo humor y ganas constantes de comer cuando lo dejo. Creo que gracias al tabaco puedo ser frugal (y, por tanto, exigente) con los alimentos, evitándole al pobre aparato digestivo las porquerías hoy habituales.

Bien porque estuviese investigando sus efectos —solas y en combinación con otras— o bien porque se me calentaba la boca, he atravesado intoxicaciones de alcohol, opiáceos, estimulantes, éter, cloroformo, tranquilizantes, somníferos, neurolépticos y algunas otras sustancias, a veces con vómitos, náuseas, temblores, sudor frío, neuralgia, fiebre y la sensación de ir a morir. Pero nunca necesité atención ajena. Hace mucho aprendí a tratar las resacas con sueño, tomando un hipnótico tan pronto como despertaba, y en ocasiones otro al despertar de nuevo, para conseguir doce o quince horas de total reposo. Para las ebriedades o intoxicaciones siempre he procurado rotar los productos, evitando más de algunos días seguidos con cada uno, y la formación de tolerancia. Así me aseguro tomarlos por placer, curiosidad o conveniencia, en vez de por costumbre o por evitar una reacción abstinencial.

Evidentemente, no tengo la meta de vivir mucho, sino la de vivir a secas. De hecho, pienso que —para el ser humano— las formas *naturales* de fallecer son o morir de viejo o suicidarse, y espero tener el coraje de practicar con el ejemplo; eso no excluye sufrir achaques dolorosos, incluso durante muchos años, mientras tenga algo que hacer y pueda hacerlo, sin convertirme en una carga indigna para los míos. El *et propter vitam vivendi perdere causas* —recuerden: «y, por seguir viviendo, perder las razones que justifican vivir»— me tiene convencido. Prefiero, pues, el placer a la voluntad. Pero dejar de beber unos días, o un año justo, hacer algún ejercicio agotador cotidianamente, elegir o preparar buenos alimentos, me proporciona una estupenda sensación de amor propio y cuido, que equilibra un poco los momentos de autodesprecio y desidia. El organismo habla elocuentemente —a través de mil síntomas y hasta en sueños—, siendo tarea nuestra escuchar esas expresiones, y entender las más perentorias. Poco remedio tiene, desde mi perspectiva, quien recurre por principio a otros para ese entendimiento.

Pero hay veces donde no basta saber oírse así —psicosomáticamente—, y actuar en consecuencia, veces donde es preciso acudir al médico. Y para ese caso conviene un médico que sea amigo, o bien médico de verdad —persona con ojo clínico—, cosa que para nada nos asegura la exhibición de un diploma en su pared. Ernst Jünger, cuyo apellido significa «el más joven», aunque haya cumplido con buena salud y envidiable lucidez sus ciento dos años, resume lo esencial cuando dice:

> «En todo momento y en todo lugar del cambiante paisaje están escondidas fuentes primordiales de energía, y por debajo de los fenómenos fugaces hay manantiales de abundancia [...] El soberano que dispensa una salud extraída de residencias inexpugnables no es el médico, sino el enfermo. Y él, el enfermo, sólo está perdido cuando pierde acceso a esas fuentes».

III

Ludopatías

Dos antropólogos —A. L. Kroeber y J. Roberts— dedicaron parte notable de sus vidas a investigar si había alguna conexión fija entre pautas de juego y otros rasgos culturales (religiosos, económicos, etc.) en sociedades presentes y pasadas. Con todo, no hallaron razones concluyentes para explicarse por qué unos grupos juegan y otros no.

Mostraron, por ejemplo, que más de la mitad de las culturas jugadoras se hallaban en el continente americano, y sobre todo en su parte septentrional, aunque la pasión por la apuesta parece todavía más arraigada en Asia. Mostraron también que todos los monoteísmos —salvo el hebreo— rechazan los juegos de azar, aunque por motivos de control sobre los fieles más que específicamente ligados a esa o aquella actividad; el brahmánico, por ejemplo, temiendo que haya más posibilidades de conculcar el sistema de castas, y el cristiano porque las timbas siempre parecieron lugares moralmente dudosos, repletos de blasfemos juramentos y embriaguez.

Por otra parte, la antigüedad del juego es pasmosa. El uso de astrágalos de oveja o perro como dados aparece en enclaves prehistóricos que tienen al menos cuarenta mil años, y en India e Irak se han encontrado dados propiamente dichos, que se tallaron hacia el año 3000 a. C. El pueblo griego, que fue bastante afecto a apostar, tenía una deidad específica —Tyché, la suerte— relacionada con ellos; algo semejante puede decirse de Fortuna, la diosa romana, si bien está más ligada a la opulencia que al acto mismo de jugar. También los chinos poseen una deidad de la apuesta —totalmente antropomórfica, y para más señas vestida con harapos—, cuya figura se venera en los hogares de sus fieles. Hacia 1940 se calculaba que en las provincias chinas meridionales, en Birmania, en Vietnam y en Tailandia un tercio de los ingresos de granjeros y jornaleros era destinado a pagar deudas de juego.

1

Desde el punto de vista jurídico, los sistemas han abarcado desde la prohibición hasta la indiferencia. Prescindiendo de que ciertas modalidades han solido aceptarse y otras rechazarse —apostar en carreras de caballos frente a jugar al póquer, por ejemplo—, la solución más duradera fue la del derecho romano, que aún informa parcialmente nuestro Código Civil. En esencia, el sistema era no castigar ni a los jugadores ni al dueño de la casa de juego, pero tampoco reconocer como deudas legales las contraídas por ese concepto, e inhibirse los agentes de la autoridad ante injurias o despojos sufridos por quienes regentasen garitos.

El Papado trató de poner en práctica una prohibición desde el siglo XIV, aproximadamente, cuando comienza a extenderse el uso de cartas, mediante un sistema que en Castilla combinaba multa, destierro y cien días de cadenas. Por supuesto, eso no disuadió a los jugadores, pero sí mantuvo en relativa sordina sus actividades, y hasta 1977 España fue —con Escandinavia y Suiza— el único lugar de Europa donde los casinos resultaban ilegales.

Pocos años antes había adoptado Inglaterra una actitud legalizadora o reglamentista, basándose en el informe de la Comisión Real sobre Apuestas, Loterías y Juego (1951), hito del oficialismo en la materia. A su juicio, toda prohibición del juego halla insuperables dificultades para ponerse en práctica de modo eficaz, tiende a verse desfasada, conduce a discriminaciones entre ricos y pobres y, por último, veta arbitrariamente una fuente de actividad económica.

Los inconvenientes de la prohibición parecen bien resumidos por las conclusiones que alcanzó la *Royal Commission*. Los de la tolerancia o indiferencia legal pueden cifrarse en que más personas jugarían de modo compulsivo. Por lo que respecta a la legalización, sus inconvenientes coinciden con los de la tolerancia o indiferencia legal, añadiéndose a ellos que el jugador ganará menos y perderá más, pues a la parte del empresario privado debe ahora sumarse la del Estado.

Se diría que estos inconvenientes de los juegos estatalmente intervenidos no existen para los casinos, suponiendo que habría más marrullerías si los permisos de apertura no estuvieran controlados. Sin embargo, idéntica razón vale para cualquier otro negocio abierto al público, y restringir en este campo las reglas del mercado libre no ha hecho que los propietarios de casino sean precisamente Hermanas de la Caridad. Aunque la postura reglamentista se presente como un desinteresado afán de proteger al público, ningún jugador compulsivo dejará de jugar porque se impongan condiciones más duras a su apuesta; sólo es seguro que bajo la tutela gubernativa él —y todos los otros— se verán inevitablemente más saqueados.

A nivel de máquinas tragaperras hay en Holanda una política estatal ingeniosa. Ejerciendo sus derechos civiles, los ciudadanos pueden adquirirlas y —en su casa o en otro lugar privado— jugar cuanto quieran, ganando o perdiendo en la proporción que gusten establecer. Sin embargo, las que haya en lugares públicos se pondrán en movimiento al recibir el correspondiente cebo de monedas, aunque jamás repartirán premio alguno. Esta medida ha supuesto un lucro cesante para el Tesoro holandés, que, en contraste con el nuestro y otros muchos, no cobra a los empresarios su parte en beneficios. A cambio del lucro cesante, con todo, puede afirmar que no coopera en el negocio montado sobre esos artefactos.

Quizá no sea ocioso recordar que la primera democracia moderna contempló la posibilidad de someter a gravamen la parte lúdica de la vida (no sólo el juego, sino alcoholes y otros lujos, como tabaco y café), si bien los americanos de entonces vieron el asunto al revés que sus gobiernos actuales. O eran *malas costumbres*, y el Estado se convertiría en cómplice suyo tan pronto como cobrara un peaje, o eran actos librados a la discrecionalidad subjetiva, en cuyo caso todo gravamen constituiría abuso. Jefferson abordó el tema cuando fue elegido presidente, usando este preciso argumento para derogar los impuestos sobre apuestas y alcoholes.

En términos jurídicos, prohibición y legalización producen aquí resultados parejamente indeseables. La prohibición, que criminaliza algo eterno en la condición humana, no logra sino corromper las instituciones encargadas de ponerla en práctica, instigando conductas hipócritas y leyes injustas. La legalización, que confiere al Estado un derecho inexistente —pues sólo son titulares de derechos los ciudadanos—, implica incorporarle como segundo empresario, agravando las consecuencias ruinosas del negocio para toda clase de jugadores. En realidad, no cae dentro de las prerrogativas del gobierno ni prohibir ni legalizar algo muy anterior a su aparición. Legítima y honradamente, velará por la ciudadanía manteniendo la transparencia de un mercado libre: si pretende someter a control público conductas por naturaleza privadas, promoverá privilegios y lucros indebidos.

2

Argumentos parejos le resultan, desde luego, risibles al Estado contemporáneo, que es una máquina de expansión burocrática, sufragada siempre de modo insuficiente por una presión fiscal en continuo aumento. Pero el asunto que hoy se airea como «ludopatía» tiene el interés de exhibir algunos resortes de esta expansión.

Intemporal en sí, el perfil psicológico del jugador compulsivo presenta algunos rasgos recurrentes. En su forma aguda, que Dostoievski recreó con tanta maestría, puede sentir un orgasmo justamente cuando acaba de perder la última moneda. Sus ansias de ganar contienen también una tendencia al autosabotaje, de tal manera que ni siquiera una buena racha le mantendrá a cubierto; su placer es la excitación del juego mismo, con todos los riesgos aparejados a él, que rompe un tono anímico hundido en la monotonía y la depresividad.

Por lo que respecta al perfil sociológico, basta acudir algún día a una sala de máquinas tragaperras para informarse cumplidamente: sin mucha distinción de sexos, topamos con individuos de cuarenta o más años, siempre solitarios, cuyo aspecto y maneras sugieren que pertenecieron a estratos económicos relativamente acomodados, aunque sólo una pequeña parte de esa clientela parece seguir disfrutando de semejante *status*.

El jugador compulsivo evocaba sentimientos encontrados —desde el inflexible rechazo a la compasión— hasta hace unos tres lustros, cuando la psiquiatría descubrió que era sencillamente un enfermo. De hecho, esta rama médica nació para tratar la *enfermedad mental* —un ente clínico desconocido hasta finales del siglo xix—, y recibió su definitivo impulso al transformarse el Estado gendarme en Estado terapéutico. Las primeras normas restrictivas sobre consumo de opio, morfina y cocaína ensancharon su campo de acción con la *toxicomanía*, precisamente cuando la «Ley Seca» añadía el *alcoholismo* al elenco de enfermedades reconocidas por la Asociación

Psiquiátrica Americana. Décadas más tarde ingresaba como nueva dolencia la *bulimia* o pasión deglutiva, descubrimiento coetáneo a la *anorexia nerviosa* y seguido por otros varios «trastornos en el control de los impulsos», como la *cleptomanía*, cuyo vástago más reciente es la *ludopatía*, una dolencia instalada en los manuales psiquiátricos desde 1980.

Evidentemente, el juego, la demencia, el consumo de opio y el de alcohol —por no hablar de la gula o la inapetencia— llevaban milenios existiendo, sin que nadie los incluyese en el elenco de trastornos diagnosticables y tratables por una especialidad médica determinada. Ahora bien, ¿qué era el jugador compulsivo antes de ser definido como «ludópata», y equipararse así a un tísico, un acatarrado o un hepatítico? Era una persona aquejada por cierto *vicio*, entendiendo por vicio una mala costumbre, considerada indeseable no sólo por los demás, sino por él mismo. Su problema era un asunto de *eticidad*, entendiendo por ética la relación entre aquello que alguien tiene por justo o bueno en sí, y aquello que efectivamente hace.

Nuestros padres, y mucho más nuestros abuelos, habrían quedado estupefactos si les hubiesen dicho que los jugadores compulsivos ya no eran personas aquejadas por un vicio sino por una enfermedad, pues todas las culturas previas —y de manera especial la medicina científica— han distinguido con nitidez al vicioso del enfermo: el primero sucumbía al embate de alguna tentación, y el segundo al embate de alguna infección. Sólo metafóricamente cabe equiparar tentación e infección, y esa metáfora tiene la misma validez objetiva que otras figuras retóricas del lenguaje; con idénticas premisas, quien oye la expresión «se masca una desgracia» podría clasificar la desgracia en el apartado de chicles y otras golosinas masticables.

¿Por qué sucumbe esta diferencia? A mi juicio, porque cada vez pensamos menos en nosotros mismos como seres libres y, por tanto, responsables de sus actos, para lo bueno y para lo malo. Al contrario, cada vez gusta más pensar que eso es lo de menos, y que nuestras flaquezas pueden ser suplidas con recursos *técnicos*. Al sentirse tentado por algo, no se le ocurre al urbanícola actual plantear semejante cosa en la esfera ética, como asunto radicalmente suyo y de puertas adentro.

3

Sin embargo, esta generalizada dejación de responsabilidad tampoco puede considerarse espontánea. Al ritmo en que la tutela ideológica de almas se convertía en control técnico de contribuyentes, clero y nobleza de sangre se despojaban de su vieja piel, para reaparecer como estamento terapéutico y clase política respectivamente. La autoridad de la ciencia apuntaló la crisis de autoridad padecida por la religión, y eso explica que el primer nombre oficial de la psiquiatría fuese policía médica. Así se armonizaban una apariencia de emancipación intelectual y vital con un robustecimiento del horror a la libertad.

Sin esta modernización de lo más arcaico —sin este «yo le administro su miedo (para empezar, a sí mismo) y usted renuncia a iniciativas éticas»— no entenderemos el actual vaivén entre vicio y enfermedad, que tan flagrante resulta en materia de drogas y en el caso del juego compulsivo. Lo heterogéneo se mezcla por conveniencia, y la confusión actual —entre asuntos de dignidad privada y epidemias producidas por microorganismos— tiene su reflejo histórico en la interesada confusión que durante siglos reinó entre delito y pecado, disidencia ideológica y crimen de lesa majestad.

Las majestades cambian, aunque mejor sería decir que van maquillando los pretextos del dominio sin renunciar a lo esencial, que es alguna forma de mando inapelable. Llama la atención que el juego preocupe tanto hoy, en tiempos de generalizada dineromanía —o dineropatía—, un síndrome básicamente de *marujas* (y *marujos*) no incluido en el manual de asociación psiquiátrica alguna. El dinero está ahí para gastarse en lo promocionado por quienes pueden lanzar avasalladoras promociones, no para que lo arriesgue el ciudadano de a pie en apuestas discrecionales. Por lo mismo, el jugador compulsivo exhibe una actitud no sólo insensata, sino sacrílega ante el metal o papel moneda: aparentando amar el lucro, su conducta prueba una y otra vez que lo desprecia hasta extremos inauditos, próximos al terrorismo por su olvido de los valores últimos.

Podrá alegarse que —además de vicio— el juego compulsivo no deja de ser una enfermedad, pues muchas enfermedades no son infecciosas. Pero quien lo pretenda olvida que la raíz de esta diferencia es siempre la decisión —o, si se prefiere, el espíritu— de la persona en cuestión. Puedo padecer artritis, arteriosclerosis o insuficiencia cardíaca sin haber traicionado mi idea de lo justo, sin olvidar el cuidado de los míos y sin despreciarme. Pero no puedo ser un reincidente jugador compulsivo sin ello. Soy tan poco responsable de lo uno como responsable de lo otro, y quien sugiera que me declare enfermo propone que renuncie a mi naturaleza de ser humano, dotado de autonomía y discernimiento.

Zenón de Citio, fundador de la escuela estoica, padeció en sus últimos años una gota muy dolorosa, y cuentan que alguien se compadeció de su *mal*. Pero Zenón repuso de inmediato: «Sólo padece un mal quien obra de manera necia, mezquina o cobarde, y esta enfermedad nada tiene que ver con eso. Es un mero accidente, que la voluntad supera sin apenas esfuerzo.» Fiel a su criterio, cuando la dolencia se hizo más grave, inició un progresivo ayuno, concluido al cabo de pocas semanas con una apacible defunción. Lo mismo hicieron muchos otros estoicos, griegos y latinos. Aunque más de un psiquiatra diagnosticaría demencia en tales casos —y se sentiría legitimado para recetar lobotomizadores químicos, electrochoque o camisa de fuerza— es ese tipo de ser humano el que honra a nuestra especie.

4

Por lo demás, clasificar al jugador compulsivo entre quienes padecen enfermedades, infecciosas o no, confunde cierta patología con un mero *síntoma* suyo, de igual manera que sucede al clasificar al usuario inmoderado de ciertas drogas como «toxicómano», al bebedor abusivo como «alcohólico», al glotón como «bulímico», y al inapetente como «anoréxico». Fue la propia medicina científica quien enseñó a distinguir entre un síntoma —digamos dolor de vientre— y una causa patológica, digamos apendicitis; si ante una crisis de apéndice aplicamos bolsas de agua muy caliente, como si se tratase de un simple cólico, no sólo no aliviaremos la crisis, sino que agravaremos el origen del malestar.

Con todo, nadie parece escandalizarse de que un abuso de drogas, comida, juego o cualquier otra cosa se plantee como entidad patológica autónoma, diagnosticable y tratable por sí misma. Temo, en consecuencia, que si nos preguntamos por qué un manifiesto efecto se plantea sistemáticamente como causa acabemos otra vez encontrando una mezcla de falta de espíritu y conveniencia mercantil. La falta de espíritu prefiere concebir al ser humano en términos conductistas, considerando que el ánimo es una enigmática caja negra, y que cualquier modificación derivará de aplicar al paciente premios y castigos, al estilo del perro de Pavlov, que producía saliva al oír una campana. Por su parte, la conveniencia mercantil prefiere abordar el síntoma antes que su origen, debido a evidentes razones de tiempo y simplificación.

De ahí que estas nuevas enfermedades no delaten tantos cambios en la condición humana como en su decorado ideológico. Los gestores siguen fieles a la barbarie del chivo expiatorio, aunque en vez de quemar públicamente a desviados ahora propongan «atención, tratamiento y prevención». Mueve a estupor que alguien formado en tradiciones hipocráticas y galénicas, en los principios de Sydenham, Pasteur y Claude Bernard, proponga atención, tratamiento y prevención para meros síntomas, y que lo proponga por el camino de controlar o prohibir cosas ni buenas ni malas, sino oportunas o inoportunas dependiendo de la ocasión y el sujeto. Pero así —pintados como infierno del juego, infierno de la bulimia, infierno de la cleptomanía, infierno de las drogas, etc.— los nuevos chivos expiatorios permitirán pedir «más dotación en recursos profesionales».

Si distinguiésemos el rábano de las hojas diríamos que éstas son conductas viciosas, y aquél un mundo difícil de vivir para bastantes, o casi todos. La revolución industrial arrancó de su tierra a grandes masas campesinas con promesas de cultura, promoción y compañía, masas que una vez instaladas en bancos de taller y cadenas de montaje descubrieron la nueva soledad y la nueva pobreza de un hacinamiento en suburbios miserables. Provistas de algunos electrodomésticos y vehículos, pero aún desarraigadas, solitarias y acuciadas por una vida a crédito, esas masas se canalizaron luego —ahora mismo, al comienzo de la era posindustrial— como empleados para empresas de servicios, dentro de una generalizada huida hacia adelante que ni económica, ni política, ni espiritualmente ofrece grandes garantías.

Por ahora, y como volviendo a los castillos medievales, vemos levantarse aquí y allá fortalezas con sofisticados sistemas de alarma, aisladas de núcleos plebeyos cada vez más abrumados de pobreza, cuando hace unos pocos años los estratos sociales parecían llamados a fundirse en una ancha clase media. Los situados en posición de parasitizar sufren la erosión de su precario *status*, y los básicamente parasitizados las penalidades del suyo, mientras la Tierra y sus recursos se queman a un ritmo que no guarda relación alguna con su regeneración.

Además, no hacen falta épocas de acelerado cambio para que la existencia del ser humano diste mucho de ser algo cómodo. El fracaso, el desasosiego, los pesares derivados de la falta de virtud, las verdaderas enfermedades, la herida del tiempo y toda suerte de agravios sociales y personales riegan con su amargura la vida. Basta que esa amargura rebase ciertos límites para caer en la dependencia de algún placer ambivalente, muchas veces de raíz masoquista, que ayuda a seguir viviendo cuando falta la decisión necesaria para el suicidio, y falta también la alegría de existir.

5

Planteemos el juego más allá de sus modalidades prosaicas, con dados, cartas, máquinas tragaperras o bingos. Involuntaria al comienzo y al final, así como en tantos tramos intermedios, nuestra vida siempre será apuesta y pulso con el riesgo. Si tratamos de restringir esta apuesta caeremos en una glorificación del trabajo enajenado, porque el trabajo creativo, vocacional, es también juego, relación libre con algún objeto, nunca exenta de altos riesgos.

La panacea institucional contemporánea para toda suerte de insanias psiquiátricas es el deporte de competición, cuya oferta de potenciales premios atrae a innumerables niños y jóvenes. Una vez lanzados por el camino de esas glorias, no sólo tienen por delante un cuerpo deforme, una propensión a toda suerte de lesiones, a graves trastornos viscerales y a formas más o menos agudas de analfabetismo funcional, sino la segura derrota para sus aspiraciones de gloria, pues sólo uno —a lo sumo, tres— caben en el podio. ¿Qué pasa con los otros millones de desgraciados, e incluso con los propios ganadores unos meses o años después?

No se ha inventado una forma más insidiosa y cínica de tortura para los humanos que concentrarles por completo en propósitos como arañar décimas de segundo o centímetros a lo que ha logrado otro infeliz, sometido al mismo tormento algo antes. Luchar contra el metro, el cronómetro y el récord es tan masoquista como tentar frívolamente la ley de los grandes números. El deporte está para ellos tan lejos de un juego sano como lejos de un sano pasatiempo estaba para el jugador de Dostoievski hacer apuestas ante una ruleta.

Huyamos entonces de las simplezas. Tan adicto del mando es el político permanente como adicto del trabajo soy yo, si bien la adicción del primero desemboca en colmar de prebendas su círculo y perjudicar a competidores, mientras la mía desembocará o no en graves achaques orgánicos, en todo caso exclusivamente míos. Querer mandar indefinidamente sobre otros, como pretende el profesional de la política, es incomparablemente más dañino y perverso que no saber mandar sobre sí mismo.

Pero tampoco quisiera ser mal entendido. Hay que mandar sobre uno mismo, y extraer de nuestra alma los tesoros de generosidad, lucidez y fuerza que contiene. Sólo así resistiremos una presión combinada: la de nuestra propia flaqueza, por una parte, y aquella que los mal nacidos despliegan para explotar usureramente la energía ajena.

IV

Euforia química y dignidad humana

Religiosa o profana, la ebriedad es un acto que nuestra especie realiza con diversas sustancias psicoactivas desde la noche del tiempo. Los arcaicos himnos del *Rig Veda*, opuestos tajantemente al alcohol, hablan de la ebriedad como aquello que «encarama al carruaje de los vientos», y en el siglo I Filón de Alejandría sigue vinculándola a actos de júbilo sacramental; en su tratado sobre la agricultura afirma:

> «Pues tras haber implorado el favor de los dioses, radiantes y alegres se entregaban a la relajación y el disfrute. Se dice que de ello le viene el nombre a embriagarse, porque en eras previas ya era costumbre consentirse la ebriedad después de ofrecer sacrificios».
>
> (*De plant.*, XXXIX, 162-163)

En la ebriedad ritual cabe distinguir entre *posesión* y *viaje*. Apoyada en drogas como alcohol, tabaco, daturas, beleño y otras análogas, la ebriedad de posesión —vudú haitiano o candomblé brasileño, por ejemplo— induce raptos de frenesí corporal que borran la conciencia como instancia crítica; acompañados de música y danzas violentas, esos raptos son tanto más reparadores cuanto menos se parezcan a la lucidez. La ebriedad de viaje, en cambio, se apoya sobre drogas que potencian espectacularmente la percepción sin borrar la lucidez; su empleo puede ir acompañado por música y danza, pero suscita ante todo una excursión psíquica consciente, introspectiva antes o después.

Interpretando la religión griega —que era una religión del mundo como obra de arte—, Nietzsche dijo que la ebriedad es «el juego de la Naturaleza con el hombre». Jugar no es trabajar ni construir, no se hace por necesidad en general, y a diferencia de las demás actividades prácticas reenvía siempre a algo donde placer y riesgo son inseparables.

Tiempo atrás, en un tratado de metafísica que —como es lógico— resulta casi insufrible, sustituí *ser* por ánimo, considerando que allí donde hay algo hay un ánimo, un sentimiento. Tal como los átomos son polvo de ser, las presencias son polvo de ánimo, nacidas de la espiral que forman un quién y un qué en mutua persecución; el quién lo es por medio de su qué, y el qué por medio de su quién. Desdoblado en algo que siente y algo sentido, el ánimo es extrañeza o afán de conocimiento, del mismo modo que no desdoblado es simple vida, y así como tiende el conocimiento a separar, analizando, tiende lo vivo a incorporar, para seguir existiendo.

Acostumbrados al desdoblamiento, nos sentimos en uno de los lados —el del yo—, haciendo pacto con la memoria. Esta es para un yo como para un collar el hilo que ensarta sus cuentas; la amnesia es lo opuesto, un desparramarse de las cuentas al azar. Y si la ebriedad juega con nosotros es porque uno recuerda lo que percibió e hizo en estado ebrio —al menos cuando recurre a drogas que no embotan el entendimiento—, pero mientras eso sucede olvida también las fronteras habituales entre qué y quién. Sencillamente, entonces no tenemos a mano la rutina personal para comportarnos con arreglo a ella; el entusiasmo arrastra a un horizonte de *orguía* —orguía significa confusión, mezcla—, que amenaza convertir el buen juicio en un montón de ruinas. ¿Podremos volver de esa excursión intactos, podremos evitar el ridículo, el horror, el crimen, mientras ella dura?

Eso dependerá de hasta qué punto nos anclemos a estar siempre antepuestos, como el turista que busca los monumentos famosos para ponerse delante de ellos, y sólo cuando están tapados se decide a fotografiarlos. Nuestra identidad es una galería de espejos, y cuando el trance ebrio abre a otros paisajes en vez de *re*flexión hay flexión, un manar de dentro a fuera y de fuera a dentro, que se siente como amenazadora pérdida de límites.

Pero la experiencia me dice que junto al ánimo subjetivo hay en nosotros un ánimo objetivo —llámese ser, naturaleza, amor o vida— que no teme el olvido del yo, y dice incondicionadamente sí. Ese ánimo subyace al otro, explicando que el amnésico no recuerde DNI o profesión, y recuerde perfectamente andar, hablar, copular o pensar; aunque su yo es una cáscara vacía, él está tan lleno de sí como antes de perder la memoria. La inmersión en el trance ebrio es por eso una amenaza que queda en amenaza: sencillamente nos hemos puesto en una relación con el mundo que no es de lucha ni de acatamiento, sino de juego. Las reglas va inventándolas el mundo, que es quien —desnudado de convenciones— se entretiene con nosotros. Devolviéndonos a la infancia, su lección es cómo aprender jugando.

Cuentan que el viaje a través de los ánimos extravía a algunos, perdiéndoles para siempre en miserables paraderos, aunque no he conocido a nadie de quien pudiera afirmarlo. Me he topado, eso sí, con personas que carecían del ánimo objetivo, y andaban en busca de alguna coartada para su desdicha; tener sed era para ellas un barniz, ya deteriorado antes de lanzarse a una u otra excursión. En lo que a mí respecta, los viajes —pavorosos o beatíficos— han sido un reencuentro con lo elemental, un baño en fugaces eternidades que tonifica para seguir cumpliendo con la realidad creada por uno mismo y la ingeniosa inteligencia, como aceite de infinitud para los recalentados ejes del movimiento. La inteligencia orbita en torno a las cosas, buscando reducirlas a nuestra particular utilidad; la intuición nos instala dentro de ellas, y ese don es lo que el viaje aguza.

El terror a olvidarse de sí esconde a menudo un terror a la franqueza, y no pocos rechazan la ebriedad porque dificulta el disimulo; se prohibieron estar abiertos en general, y cuando osaron penetrar en el trance ebrio hicieron o descubrieron lo excluido por inconveniente, irreal o —para ser más exactos— delator. Delatados por la ebriedad, ante otros o ante sí mismos, se juraron no abrir más esa puerta por donde se habían colado goces o espantos muy suyos, pero incompatibles con la estatua personal elegida. Como el severo juez mencionado por Baudelaire, que condenaba el cancán y tras ingerir hachís se lanzó a una danza obscena, estos temperamentos temen perder su compostura —y no lo temen en vano, pues a veces parecen hechos de mera formalidad—.

Semejante disposición pasa a ser impostura, mala fe, allí donde se enarbolan contra la ebriedad motivos como la demencia. Quien no sea un ignorante sabe que hay drogas muy tóxicas para el sistema nervioso —como el alcohol—, y hará bien haciendo suyo el programa grecorromano de una *sobria ebrietas*, cuya meta es elevar la embriaguez a un arte, combinando armoniosamente la medida con el exceso. Sin embargo, quienes enarbolan contra la ebriedad motivos como la génesis de una locura no se refieren a bebidas alcohólicas y otros neurotóxicos, sino a sustancias como LSD, mescalina o psilocibina, sencillamente ridículas desde el punto de vista de su toxicidad (tanto neural como extraneural).

¿Qué nos venden entonces? Desalojados de algo verificable, como la neurotoxicidad, venden una metáfora como la psicotoxicidad, un veneno del alma mejor calificable como herejía, tras haber vendido antes la no menos metafórica enfermedad mental, un concepto elaborado para etiquetar a sujetos sin cabida en cierta media (una media normalmente hipócrita), que —en el caso de los psiconautas— son puestos a disposición de diplomados en drogoabusología, o intimados a ingresar en prisión. Según dicen, viajar es en sí enfermedad mental, tanto por la disposición a ello como por el resultado obtenido. Lo cierto es que cuando el drogoabusólogo entra en ebriedad psicodélica no suele limitarse a alguna danza indecente, y cae a veces en trances persecutorios agudos, que pueden durar horas o días; eso resulta lógico, considerando que no sólo ve pulverizada la compostura, sino la impostura. Cuando se recobre, adecuadamente sedado contra la lucidez, otorgará su parabién a una policía de trances, para que ni él ni otras gentes incautas —como el juez de Baudelaire— puedan ser atacados con psicotóxicos.

¿Y qué hay de los malos viajes? Quien haya atravesado alguno sabe que la magnitud de ansiedad, tristeza y desorientación puede acercarse a lo inaudito, y que más duro puede ser aún ver nítidamente nuestra miseria e impotencia en tantas cosas. Me atrevería a decir, por añadidura, que casi ninguna excursión anímica profunda está libre de un vértice inquietante, incluyendo a las más gloriosas. Como comentaba Nietzsche, «la Naturaleza desnuda allí su vida infinita, que alterna indisociablemente júbilo y pavor».

Somos devueltos de un modo u otro a estados de indistinción o desdibujamiento —magma o éter, nunca un quién bien perfilado con respecto de un qué—, y hay demasiada intensidad para no sentirse sobrecogido. Sin embargo, cuando llega el viaje malo, o la parte difícil del viaje en general, nada tan inútil como pretextar que aquello nos convirtió en enfermos mentales. Mejor será soportar la certeza del «me siento mal» y —algo después— del «no hay justicia». Reconociéndolo, uno está ya en camino hacia hallazgos, porque cuanto más ahonda un extremo más invoca a su opuesto, y pisamos un terreno donde la reconciliación puede alcanzar niveles extraordinarios. No es ocioso recordar unas palabras de Huxley en 1959, a propósito de la LSD:

> «Uno llega a saber por experiencia lo que significa «Dios es amor», sintiendo que a pesar de la muerte y el sufrimiento todo está, de algún modo y en última instancia, perfectamente en orden».

Este sentimiento es lo que antes llamé ánimo objetivo, y no conozco otra salud que hallarse en contacto con él. Sólo entonces comprendemos que el quimismo nos ha llevado donde otros están y estuvieron por medios no químicos, y que podemos alcanzar ese sentimiento sin dosis de tal o cual sustancia. Pero cuando ese ánimo falta no hay salud merecedora de su nombre, sino un híbrido de miedo, furia y aturdimiento. El valor de las drogas —en especial de las visionarias— estriba, a mi juicio, en que diagnostican nuestro grado de contacto con la alegría, entendida como una suma de arrojo, dulzura y lucidez.

Por último, no sería quizá ocioso plantear si la ebriedad es democráticamente útil, preguntándonos a cuántos sumergirá en magnanimidad, y a cuántos en ánimos menos deseables. Hay quienes lo tienen atrozmente difícil, de nacimiento o por adquisición ulterior, y su reducida vida parece un precario albergue para la orgía de experiencia aparejada al viaje. No cabe decir lo mismo de quienes agonizan, pero conservan espíritu suficiente para mirar de frente a la muerte. En realidad, viajar sólo parece completamente desaconsejado para quienes veneren rigidez y doblez, para almas autoritarias y pusilánimes, para los aterrados ante el desnudamiento propio y ajeno, para el que apuesta por pedir sin dar. Pero también es cierto que estos últimos podrían aprovechar la relajación inducida para hacerse fluidos, solidarios, tiernos o simplemente menos autistas; todo depende del grado en que se aferren a una autoimagen incompatible con el juego primordial.

A ojo de buen botero, diría que de cada mil humanos entre veinte y treinta son pobres desdichados —como el que padece una lesión cerebral—, y unas diez veces más son psiconautas natos, que se fortalecen o fortalecerían viajando de tarde en tarde. Del resto, sospecho que —gracias a la propaganda— una amplia mayoría se ha abstenido por miedo a enfermar o enloquecer, aunque buena parte podría enriquecerse con la excursión psíquica si se llevase a cabo en condiciones óptimas. Entre el 5 y el 10 por 100 del total puede que tenga cosas realmente grandes que esconder (de los demás o de sí mismo), y sufrirá mucho cuando ese ocultamiento se desvanezca.

Como los paganos antiguos y modernos, creo que la ebriedad está ahí para aliviar la crispación de nuestro yo, la tirantez del puro carácter, devolviéndonos a una salud básicamente «transpersonal». Entre sanos, cuando el viaje aparta las máscaras, lo probable es una explosión de jovialidad: reír como niños, en cascadas crecientes y contagiosas, tan vivas que al día siguiente uno siente agujetas en el diafragma. Pero sólo dan agujetas los músculos no ejercitados, que en este caso expresan un no ejercitado ánimo. Nos parecemos entonces al niño pequeño que fuimos, acostumbrado a mostrar una encantada diversión ante las más variadas cosas, ahogado de risa con cualquier buen juego.

El esquema de estas notas lo escribí hace algún tiempo, inmediatamente después de que mi mujer y yo bautizásemos la cama del piso recién alquilado con una mezcla de MDMA y 2C-B, dos sustancias descubiertas por Alexander Shulgin. Mientras rendíamos tributo a Eros, y ninguna ambigüedad hacía presa en ella, sobre mí se cernía a rachas, acercándose por los bordes del campo visual, ese desagradable sujeto llamado Alien desde la película de Ridley Scott. Como no llegó a rozarme, pude concluir la ofrenda al dios y luego ir al cuarto de trabajo, dispuesto a solventar lo que fuese con el octavo pasajero. Pero en la madrugada sólo había una silenciosa soledad que impulsaba al autodiagnóstico, sopesando el arraigo o desarraigo en la existencia. Vivir no protege a ninguno: tan sólo produce, o no, un ánimo de absoluto asentimiento, y ese sí me acompañaba aún. Ser acechado a ráfagas por un monstruo en el altar de Afrodita podía considerarse farsa, porque en aquel Alien había más de cómic que de alienígena.

En realidad, no es tan sencillo habérselas con un verdadero extraño. Para llegar a la extrañeza hay que ir bastante lejos, hasta allí donde cambian todos los ángulos y ninguna certidumbre se mantiene. Pero justamente allí —topando de bruces con el misterio— la ebriedad se da la mano con el afán de saber. Quien busque lo conocido no busca el conocimiento.

V

Morir mejor

La cuestión de despedirse con dulzura de la vida es una de las sometidas aún al más puro anacronismo. Un reciente seminario internacional de juristas, celebrado en Málaga, tuvo entre otras virtudes la de airear datos. En Japón, por ejemplo, se declaran a favor de la eutanasia activa el 88 por 100 de los consultados, frente a un 2 por 100 en contra (con un 10 por 100 que no contesta). En Australia, los favorables se elevan al 75 por 100, y hasta en países con normativa feroz —como Francia, cuyas penas pueden llegar a la reclusión perpetua— el 85 por 100 de los adultos querría «ver reconocido el derecho a ser ayudado a morir». La ley francesa hace oídos sordos a este clamor, aunque la institución del jurado soluciona allí el entuerto, absolviendo sistemáticamente a los reos de este delito; cosa similar se observa en Bélgica. Los Estados de Norteamérica rara vez contemplan la ayuda piadosa al suicidio en sus códigos, pero incluso aquellos que sí lo hacen rara vez logran procesar siquiera a los presuntos culpables, pues el principio constitucional del *liberty interest* prima sobre esa norma; recientemente, un referéndum en Oregón acaba de aprobar la eutanasia activa. En Canadá, el suicidio asistido desapareció del ordenamiento penal hace años.

Holanda reconoce también el derecho de todo adulto cuerdo a pedir eutanasia; el ponente de este país proyectó un vídeo donde se veía morir muy apaciblemente a un hombre, tras haber recibido dos inyecciones: la primera para llevar lentamente al sueño, permitiendo al sujeto despedirse sin ansiedad de sus seres queridos, y la segunda —definitiva— una vez dormido. Suiza no llega tan lejos de modo explícito pero sí implícito, pues el Código confederal determina que no será punible ayudar a otro a morir, si median motivos altruistas.

¿Cuál es el estado de cosas en España? Las encuestas dicen que el 17 por 100 es partidario de «prolongar la vida, aunque sólo produzca más sufrimiento», y el 83 por 100 piensa de otro modo, lo mismo que en Alemania. Pero el Código —en su artículo 409— establece penas mínimas de seis años y máximas de veinte: «El que prestare auxilio o induzca a otro para que se suicide será castigado con la pena de prisión mayor; si se lo prestare hasta el punto de ejecutar él mismo la muerte será castigado con la pena de reclusión menor.» Redactado hace siglo y medio —en la reforma de 1848, cuando España era declaradamente confesional—, este artículo pone en pie de igualdad la inducción egoísta al suicidio (para cobrar una herencia o un seguro, para cambiar de pareja sin necesidad de divorcio, etc.) y el auxilio prestado a otro por amor y compasión humana.

Al escribir su tratado de botánica, en el siglo III a. C., Teofrasto elogiaba a un tal Trasias de Mantinea, que inventó remedios para «inducir una muerte fácil e indolora». Orientada a coordinar el auto-gobierno con una atención a lo común, la cultura griega contiene innumerables ejemplos de eutanasia, que literalmente significa «recto morir». Desde Zenón de Citio, varios estoicos célebres se provocaron la muerte —mediante un ayuno gradualmente severo— tan pronto como creyeron mermadas sus facultades de modo irreversible; ese recurso, o cualquiera orientado a los mismos fines, les parecía lo *natural* en el ser humano.

Roma destacó aún más las virtudes del suicidio, considerándolo mil veces preferible a prolongar una existencia incongruente con su dignidad. Aunque el espíritu romano sea corrupto y áspero en otros aspectos, contempla con serena grandeza las ventajas de una *mors tempestiva*, oportuna. Plinio el Viejo lo explica en una frase célebre: «de los bienes que la naturaleza concedió al hombre ninguno hay mejor que una muerte oportuna, y óptimo es que cada cual pueda dársela a sí mismo» (*Hist. nat.*, XVIII, 2, 9). Su sobrino, Plinio el Joven, incluye entre los actos más sublimes el de una campesina, que obligó a suicidarse a su marido —aquejado de una terrible dolencia— arrojándose atada con él al lago Como. Comparado con ese coraje, el horror de los griegos a la enfermedad y la vejez parece frívolo, pues ni lo uno ni lo otro son temibles conservando el denuedo de saberse libre, y la decisión de seguir así en el último trance. Es lo que Epicteto llamaba «autonomía de la decisión moral».

Este universo será arrasado por el triunfo del cristianismo, que —como los demás monoteísmos— está reñido con la autonomía moral del individuo, y legisla sobre el campo reservado por los paganos a la intimidad, impartiendo normas sobre dieta alimenticia y farmacológica, sexualidad, ideas, lecturas o administración del tiempo. El pagano considera que tanto él como su prójimo son singularidades soberanas, mientras el monoteísta reserva la soberanía siempre a otro, que desde el Todopoderoso único se derrama selectivamente sobre el monarca único, el pontífice único y el comisario no menos único. Como adivinando con siglos de antelación el triunfo del dios-gendarme, apoyado en quemas de bibliotecas e inflexible dogma, comentaba Aristóteles «que las sustancias singulares son dioses, lo divino abarca a la naturaleza entera, y el resto fue añadido luego, para seducir al vulgo y servir intereses» (*Met.*, 1074 b 20-23).

Ante tantos males del mundo —empezando por la larga vida de inquisidores y otros verdugos—, uno no acaba de entender bien qué gana lo divino siendo omnipotente; según Spinoza, tras ello está «querer que Dios no sea Dios y, por tanto, querer entristecerse». Pero la tristeza sirvió a algunos para mandar todopoderosamente, por delegación del Todopoderoso, decidiendo que la eutanasia era un crimen de lesa majestad, un desafío a la omnipotencia divina. De ahí que desde la alta Edad Media se castigue al suicida, tanto frustrado como consumado; los cuerpos de los muertos son expuestos a los buitres, sus bienes se confiscan (a favor de la ofendida Iglesia), y sus nombres se tachan de los registros por infames; los suicidas frustrados hacen frente al mismo saqueo, junto con picota y galeras, o —en comarcas benignas— con destierro a perpetuidad. Esta normativa pervivirá en el mundo occidental hasta ser derogada por los revolucionarios de América y Francia, aunque el pudiente llevara siglos recibiendo funerales y sepultura cristianos, si su familia alegaba que antes de perpetrar el pecaminoso acto sufrió un ataque de locura.

No sé qué ofende más profundamente a la condición humana: creer que la eutanasia es un crimen contra lo divino, o creer que deriva de un entendimiento disminuido. En cualquier caso, quienes apoyan su castigo pertenecen a una secta que durante casi dos milenios ha torturado y exterminado a millones de personas, basándose en su manera de pensar; *herejía* traduce *airesis*, que significa «manera de pensar, opinión». Malas credenciales tiene esa secta para presentarse como embajador universal de la vida.

El presente nos ha devuelto a una perspectiva pagana, más o menos agnóstica ante los venerables dioses. En línea con ello, un número colosal de adultos reclama otra vez lo inalienablemente suyo. Suyo es que —allí donde no resulte súbita— la muerte pueda elevarse a un acto de excelencia ética, aligerado de sufrimientos remediables; no se me ocurre legado más benévolo para los demás que una despedida a tiempo, donde el que se va dice a quienes se quedan algo semejante a: «no os preocupéis, esto es más sencillo de lo que parece, vivid sin miedo».

El negocio de atizar el temor a la muerte —prometiendo vida eterna a cambio de sumisión— se defiende por la fuerza, con preceptos como el artículo 409 del Código Penal vigente. Sin esa norma, y las que impiden el uso de drogas aptas para aguzar o apaciguar la conciencia, parte de nuestros muertos habría abandonado su figura al recuerdo de otra manera, menos contigua a cólera y patética súplica. A título de alivio, lo que el futuro inmediato ofrece es medicalizar el asunto; cambiando la sotana negra por su bata blanca, el doctor decidirá sobre el aspirante a cadáver, del mismo modo que el clérigo decidía sobre la absolución o la suspensión de ese beneficio.

Si no somos crueles, el agonizante volverá a despedirse de la vida en su casa, rodeado de aquello que le es familiar, y del acuerdo con los suyos —no del médico— deberían depender las últimas medidas. También es cierto que, junto a estas perspectivas, cunde una idea espantosamente banal de la muerte, como algo que cabría convertir incluso en trance cómodo. La lección de los antiguos, que nosotros podríamos transmitir a nuestros hijos, es no detenerse en miserias hipocondríacas, y custodiar la muerte como garantía perpetua de una vida libre. Lejos de interrumpir la libertad, poder suicidarnos —y estar prestos a ello, si llegara el caso— es lo único que pone límites infranqueables a cualquier tiranía.

Esto es ciertamente duro de cumplir. Pero más duro es ser un siervo vocacional, aspirante a procreador de siervos análogos, porque —volviendo a Plinio— «habrá de morir igualmente, y dejando atrás una vida indigna».

VI

Un reto al miedo

Hijo de familia acomodada —concretamente de un farmacólogo, que vendió las patentes de sus inventos y se retiró pronto, abriendo una farmacia en Hannover—, Ernst Jünger huyó del hogar a los dieciocho años para alistarse en la Legión Extranjera francesa. Durante los cuatro años siguientes luchó en la Primera Guerra, donde fue herido catorce veces y recibió las más altas condecoraciones alemanas, mientras elaboraba un diario de batalla (*Tempestades de acero*) que tendría gran éxito popular. Siguieron años de vehemente germanismo, afines en parte al pensamiento político de Fichte y más aún al de Stirner, compaginados con licenciaturas en zoología y filosofía, que culminan en *El trabajador* (1932), un largo ensayo recibido por Heidegger como obra sin par del momento. Allí inaugura una reflexión original sobre los mitos, como cristalización de fuerzas a caballo entre libertad y necesidad en cada coyuntura histórica. El vehemente belicismo con el que disecciona la burguesía y sus valores, alimentando un retorno a lo elemental y a la disciplina en nombre del titán Trabajador, tuvo parte decisiva en la imaginería del III Reich (por más que estuviera escrito pensando ante todo en el bolchevismo). Con todo, asqueado por la vulgaridad y la crueldad de los nazis, desde 1933 —cuando Hitler accede al poder— es prácticamente alguien situado en posición de «emboscada»; *Los acantilados de mármol* (1939), una novela alegórica, describe ya la horda de salvajes que, no contentos con sembrar el horror, «filman la caza descuartizada y casi putrefacta [...] Profundo es el odio que en los corazones abyectos arde contra la belleza».

Cuando esa repugnancia por el nacionalsocialismo se añade a un deseo de paz y unidad europea, es llamado a filas como oficial; los resultados son múltiples: está a punto de suicidarse, consigue otra cruz de hierro (por salvar a un herido), escribe los textos-base de *Radiaciones*, pierde a su hijo Ernstel —que es enviado a morir en el frente italiano (después de haber sido detenido cuando afirmaba que Hitler merecía la horca)— y se salva por poco tras el fallido atentado contra Hitler, que cuesta la vida a Rommel y Stauffenberg. Sigue la pavorosa posguerra, donde no admite ser sometido a «desnazificación» y se le prohíbe publicar hasta 1949. Del nuevo período —que en realidad abarca hasta mediados de los sesenta, cuando en Alemania empieza a ser elogiado otra vez— son muchos libros de muy variada temática (entomología, experiencia visionaria, novela, ensayo filosófico, biografía) cuyo punto de partida es *La emboscadura* (1951), traducida al francés como *Tratado del rebelde*.

Tras la publicación de *Eumeswil* (1977), llueven los homenajes. Recibe el premio Goethe, sus obras completas empiezan a traducirse a otras lenguas, y cuando cumple un siglo de vida —el 29 de marzo de 1995— las conmemoraciones incluirán un desfile y un banquete, al que asisten cuatro jefes de gobierno europeos. Combinada con la experiencia vivida, su capacidad para anticipar lo venidero —en libros como *El estado universal* o *El trabajador*— le configura como una amalgama extraordinaria de oráculo y memoria. Eso explica que su residencia de Wilflingen (antigua casa del guarda en el castillo de los Stauffenberg) recibiese estos últimos años visitas de peregrinos anómalos, como Mitterrand o Kohl, que acudieron en helicóptero a esas profundidades de la Selva Negra. Poco antes de morir también lo hizo Borges, su primer traductor al castellano.

Por lo demás, Jünger se mantiene en activo como entomólogo y escritor —prueba de ello es *Las tijeras*, un libro aparecido en Alemania cuando cumplió noventa y siete años—, pero practica una existencia básicamente retirada, en el corazón de su bosque. Siempre ha rehuido los rituales comunes para publicistas y personajes célebres, y el único doctorado de honor que se dignó aceptar fue el ofrecido en 1991 por la Universidad de Deusto, en virtud de las razones que él mismo expondría allí. Concretamente, dijo que obraba «movido por el entusiasmo y la responsabilidad que produce el esfuerzo de un pueblo por ser reconocido en cuanto tal». Las notas siguientes son una crónica esquemática de los cinco días que pasó en España.

Miércoles, 18 de octubre. Con retraso, hacia las tres de la tarde, toma tierra en Sondica el avión que trae a Ernst y Liselotte Jünger, Albert Hofmann —el químico que descubrió la LSD— y su mujer, Anita. El alcalde de Bilbao ha tenido la ocurrencia de recibirles con *dantzaris*, que al ritmo del chistu y el tamboril ejecutan el saludo de honor vasco. El rostro de Jünger se ilumina, y permanece así hasta que termina la danza. La nube de cámaras y micrófonos, que a partir de entonces se erige en protagonista, no es tan acogedora. Pretextando fatiga, aplaza cualquier declaración y los cuatro desaparecen —no sin cierto comentario jocoso de Jünger («¡nos dan un coche para políticos!»)— en el Rolls del alcalde.

Sin embargo, los dos ancianos no han producido impresión de cansancio. Pequeño y muy robusto, Hofmann recuerda a los helvecios mencionados por Julio César, fiables aliados e incómodos adversarios, que nunca vuelven la espalda al agresor. Su cráneo calvo contrasta con la deslumbrante blancura de los cabellos de Jünger, y su abierta risa con la sonrisa taoísta del amigo. Los ojos de uno son negros y muy vivos; los del otro transparentes en grado inusual, con una alternativa de observación y reflexión, como si más de la mitad del tiempo mirasen la enormidad de un horizonte que se abrió para ellos en 1895. Al verles juntos, Hofmann parece el terrenal escudero de un personaje no tan terreno, que sobre el armazón originario de Sigfrido ha evolucionado hacia la ternura del Rey Lear.

Jünger se retira al cuarto del hotel, del que sólo saldrá tras tomar su cotidiano baño de agua fría, una inmersión que practica en todas las estaciones. Luego decide dar una vuelta por la ciudad, visitando precisamente un mercado y un cementerio. Tiene por norma «no fiarse del espejo», y desde hace mucho ignora cuanto se escriba o hable acerca de él. No asiste, pues, a las dos últimas conferencias del simposio celebrado sobre su pensamiento. La primera de ellas —«Drogas y éxtasis en la obra de E. Jünger»— corre a cargo de Hofmann, y puede considerarse una interpretación de las llamadas auténticas en términos jurídicos, que narra *Acercamientos* (*Annerüngen*) celebrados en común. Al día siguiente, el propio Jünger comentaba que cuando esos acercamientos comenzaron no sabían aún «qué nombres poner a las magias de Albert».

Por lo demás, las tesis jungerianas sobre modificación química de la conciencia son conocidas. La ebriedad, «una de las descomposiciones sublimes de la materia..., se limita a descubrir, como si apartásemos una cortina o como si ella forzase la puerta de criptas profundas: es una llave, entre otras muchas». Los distintos vehículos de ebriedad son «pórticos del Laberinto», gracias a los cuales es posible «una investigación estrato por estrato —cada uno fascinador y ninguno en último análisis capaz de satisfacernos, como si buscásemos, bajo ciudades constantemente destruidas, la Troya del poeta—, que constituye una de nuestras grandes experiencias». Según el Antonio Peri, de *Heliópolis*, «cada droga lleva en sí una fórmula que da acceso a ciertas estancias y a ciertos enigmas del mundo».

El opio, por ejemplo, «tiene la propiedad de estirar el tiempo casi hasta el infinito, no el tiempo de los relojes... sino el que es enteramente residencia y posesión del hombre. Es el mayor de los lujos: tener un tiempo propio». La LSD, por su parte, «quizá instaló en permanencia... la acuidad acrecentada del juicio». Común a toda ebriedad es «la huida del mundo mensurable y numerable, y por consiguiente el acercamiento, un aproximarse a la densidad de la sustancia».

Tras Hofmann, clausurando el simposio, Ian Dallas hizo una exposición sobre Jünger como guerrero de la libertad total. Su ponencia destacó hasta qué punto la independencia, la profundidad filosófica, la maestría en el oficio de escribir y la apertura al mundo como complejidad infinita sencillamente no son cosas *progresistas* ni, por tanto, admisibles para quienes se erigen desde hace décadas en portavoces de la conciencia política y académica. Repasando las figuras que matizan la tarea del héroe en el discurso jungeriano —el Rebelde, el Soldado Desconocido, el Emboscado y el Anarca—, Dallas subrayó su compromiso con el concepto de «soberanía personal», manifiesto ya en *El corazón aventurero* (1930), y magistralmente perfilado en *La emboscadura*. Para concluir, dijo que la inseparable fusión de vida y obra en Jünger recordaban al hombre el deber nuclear de no admitir jamás una coacción espiritual, no obedecer nunca las órdenes de otro hombre, y jamás someterse a algo distinto de la voluntad divina. «Pero someterse a la voluntad de Dios, o *Islam* —añadió—, es ya otra cosa, de la que hablaríamos en otro momento.»

Quedaba así de manifiesto algo imprevisto; a saber: que el verdadero organizador del simposio y el doctorado honoris causa de Jünger no habían sido el Ayuntamiento de Bilbao ni la Universidad de Deusto, sino el Freiburg Institut für Freiheitsstüdien (Instituto de Friburgo para Estudios sobre la Libertad), una asociación compuesta por europeos de fe islámica, vinculada a la corriente sufí.

El sufismo —certeza de lo divino como amor, que el fiel venera con desinterés, sin esperar paraísos ni temer infiernos— representa aproximadamente a un 3 por 100 de los musulmanes. Lleva casi un milenio siendo perseguido por la ortodoxia coránica y por los místicos llamados «sobrios»; todavía en 1925, las órdenes sufitas y las logias de derviches fueron ilegalizadas en Turquía por Ataturk. Con todo, sigue siendo el tronco teórico y lírico de esa religión desde sus comienzos, con cumbres como Ibn Mansur, Ibn 'Arabí, Rumi, Hafiz u Omar Khayyam. Sufí de convicción, el profesor E. Ojembarrena es el padrino doctoral de Jünger, asistido por un grupo de correligionarios donde destacan el profesor Kohl y el propio Ian Dallas, un culto *gentleman* inglés.

Sorprendidos —por no decir atónitos— ante la evidencia de que Bilbao debe al actual sufismo europeo uno de los eventos culturales de su historia reciente, regresamos al hotel con una esperanza que se verá defraudada; Jünger ha decidido retirarse de nuevo a su habitación, con lo cual un pequeño grupo de fieles —su editor y su traductor al castellano, la embajadora alemana, el matrimonio Hofmann y algunos más— nos conformamos evocando distintos aspectos de su persona. Madame Brunner, la embajadora, es hija del coronel Speidel, jefe del Estado Mayor alemán en París, cuya protección fue decisiva para que Jünger no cayera en el «accidental» exterminio previsto por Goebbels y sus amigos.

Ya en la cama, sólo queda repasar la prensa del día. *Egin* es, sin duda, el periódico más incisivo en sus comentarios. Tratándose de un escritor «con notorio pasado nazi», pide «una investigación de su personalidad política e ideológica». Lo idóneo sería exigirle una autocrítica, demandando un «compromiso con los valores democráticos y progresistas». Como dirá al día siguiente E. Lynch, en *La Vanguardia*, pamplinas semejantes son el pretexto empleado para seguir manteniendo que la inteligencia siempre es de izquierdas, y que no son de izquierdas la bravura personal ni el coraje poético. Conviene recordar que el primero en atacar a Jünger sobre estas bases fue el Sartre de la *Crítica de la razón dialéctica*, una de sus pocas producciones realmente lamentables. Incapaz de negar evidencias como el odio de la jerarquía nazi hacia Jünger (vetado como publicista desde 1933, cuando rechaza una invitación a ingresar en la Academia alemana), o la potencia crítica de su pensamiento, el progresismo prefiere sugerir, como Habermas, que es «un revolucionario de derechas».

Cómico fue —al día siguiente— observar el desconcierto con que algunos *abertzales* escucharon las palabras de Jünger: «Siempre me conmoverá la lucha de un pueblo por consolidar sus libertades.»

Jueves, 19 de octubre. La investidura como doctor honoris causa no resulta muy concurrida. Hay alguna pancarta de protesta, retirada en seguida, y una presentación del doctorando a cargo de su padrino, Ojembarrena. En esencia, esta alabanza destaca que Jünger no es sólo el más grande escritor vivo, sino una voz inigualablemente libre que entronca con la gran tradición espiritual de Occidente y Oriente. El homenajeado, a quien la birreta incomoda de modo visible, termina por quitársela y pronuncia un breve discurso.

Ajeno a que eso molestara a algunos euskeraparlantes, comienza hablando de la «música en el español, su idioma», y se detiene unos momentos en Calderón y Cervantes. «No me pareció ridícula —dice— la batalla de Don Quijote contra los molinos de viento.» Esa sensibilidad se diría providencial para alguien cuya suerte ha sido «participar en dos guerras mundiales, y las dos veces —por cierto— del lado de los que pierden». En efecto, a diferencia de quienes se esfuerzan por ganar a cualquier precio, Alonso Quijano supo siempre que la derrota es el trofeo de almas bien nacidas. Quizá por eso, aunque Jünger sea tan anciano, le «resulta difícil encontrarse satisfecho del trabajo realizado». Para redondear sus *Obras completas* (que ocupan ya veinte gruesos volúmenes en la edición alemana) ha concluido un estudio, que «pretende averiguar si no estarán actuando también en los acontecimientos fuerzas llenas de sentido, fuerzas acaso divinas, a pesar de las muchas confusiones y los muchos infortunios de nuestros días».

blicista desde 1933, cuando rechaza una invitación a ingresar en la Academia alemana), o la potencia crítica de su pensamiento, el progresismo prefiere sugerir, como Habermas, que es «un revolucionario de derechas».

Cómico fue —al día siguiente— observar el desconcierto con que algunos *abertzales* escucharon las palabras de Jünger: «Siempre me conmoverá la lucha de un pueblo por consolidar sus libertades.»

Jueves, 19 de octubre. La investidura como doctor honoris causa no resulta muy concurrida. Hay alguna pancarta de protesta, retirada en seguida, y una presentación del doctorando a cargo de su padrino, Ojembarrena. En esencia, esta alabanza destaca que Jünger no es sólo el más grande escritor vivo, sino una voz inigualablemente libre que entronca con la gran tradición espiritual de Occidente y Oriente. El homenajeado, a quien la birreta incomoda de modo visible, termina por quitársela y pronuncia un breve discurso.

Ajeno a que eso molestara a algunos euskeraparlantes, comienza hablando de la «música en el español, su idioma», y se detiene unos momentos en Calderón y Cervantes. «No me pareció ridícula —dice— la batalla de Don Quijote contra los molinos de viento.» Esa sensibilidad se diría providencial para alguien cuya suerte ha sido «participar en dos guerras mundiales, y las dos veces —por cierto— del lado de los que pierden». En efecto, a diferencia de quienes se esfuerzan por ganar a cualquier precio, Alonso Quijano supo siempre que la derrota es el trofeo de almas bien nacidas. Quizá por eso, aunque Jünger sea tan anciano, le «resulta difícil encontrarse satisfecho del trabajo realizado». Para redondear sus *Obras completas* (que ocupan ya veinte gruesos volúmenes en la edición alemana) ha concluido un estudio, que «pretende averiguar si no estarán actuando también en los acontecimientos fuerzas llenas de sentido, fuerzas acaso divinas, a pesar de las muchas confusiones y los muchos infortunios de nuestros días».

En el banquete posterior, multitudinario, los asistentes pudieron ver de cerca la combinación de salud y serenidad que exhibe Jünger. Sus oídos y sus ojos no han perdido fuerza; lee sin gafas —«no necesito lentes, sino buena luz»—, y se mueve con la agilidad de un hombre de sesenta años. Al conversar, intercala una breve risita cada dos o tres frases, mientras sus ojos translúcidos mantienen la curvatura de una sonrisa. Sin embargo, entra en sí mismo tan pronto como interlocutor o situación lo permiten, y la gravedad de su rostro entonces resulta difícil de describir. Pasa fluidamente de un estado a otro, si bien se diría que su elemento natural es esa especie de suave trance, donde aparece totalmente autocontenido. Liselotte Jünger aclaró más tarde: «Ernst ha hablado en estas veinticuatro horas tanto como en veinticuatro semanas de vida casera.»

Su esposo, en efecto, prometió una rueda de prensa por la tarde, y cerró el almuerzo con un agradecimiento a asistentes y patrocinadores. «Debo felicitar a Bilbao —dijo, entre otras cosas—, porque juzgo a una ciudad por su actitud ante los vivos y ante los muertos. Tras visitar un mercado y un cementerio, compruebo que ambos reciben aquí sus debidos honores.»

Al dispersarse algo la concurrencia, vi una oportunidad de serle presentado. Estrechó mi mano con un toque leve, dijo cosas amables de amigos comunes y sugirió que volviésemos a sentarnos en dos sillas de la recién abandonada mesa. Me interesé por su último libro —*Las tijeras*—, y en particular por el dato de que sea una «teodicea», nombre atribuido a la investigación racional sobre el ser divino. «Los dioses son muchos—repuso—, y no necesitan ser disculpados por crear el universo, como quiso Leibniz disculpar al dios único. Mi último libro rastrea aquello que se ha llamado también astucia de la razón, y en esa precisa medida es teodicea. Son consideraciones que nacen de recapacitar sobre el conjunto de la experiencia vivida; no tanto una búsqueda de síntesis como la articulación de una síntesis ya presente, aunque todavía implícita.»

La rueda de prensa, transmitida en directo por un canal alemán de televisión, fue una rara muestra de deferencia en Jünger. A la pregunta por sus maestros inmediatos repuso aludiendo a Nietzsche —«en primer lugar, Nietzsche»—, Spengler y Heidegger. A su juicio, lo que ha de fortalecerse en filosofía es «un espíritu de aventura», que desborde la palabrería «político-económica» por el lado de lo teológico; una teología natural —libre de dogmas tanto como de formalismo racionalista— es lo que vislumbra en el horizonte futuro, quizá apoyada sobre el ímpetu de «algún nuevo Moisés».

A la pregunta sobre la diferencia entre sus conceptos del bosque y el desierto repuso: «El bosque es la dimensión de libertad donde se atrinchera el hombre cuando es perseguido por la ley positiva. El desierto es la dimensión donde resisten los llamados al concepto filosófico.» Naturalmente, no son residencias incompatibles. ¿Y en qué grado es grave, o irreversible, la catástrofe ecológica? «Alarmante, incluso muy alarmante. Pero no más que lo fueron las glaciaciones. La solución de esa amenaza, y de tantas otras, está en que se fortalezca la voluntad soberana de la persona singular.»

¿Qué puede decir de la eutanasia? «Es un capítulo difícil, que cada cual debe resolver por sí mismo. Sin embargo, el suicidio es evidentemente un capital de la humanidad. Montherlant se pegó un tiro inmediatamente después de escribir este pensamiento.» ¿Y de la muerte de Dios? «Prefiero emplear la expresión de Léon Bloy: *Dios se retira*. O se acerca. Eso depende en buena medida del mito que arraigue. El mito no es ficción, ni historia ocurrida en el pasado, sino realidad intemporal que se reitera en la historia.»

Jünger se levanta del mullido sillón, desde donde atendía el bombardeo de la prensa, como impulsado por un resorte. Con la blancura deslumbrante de sus cabellos, esa ligereza es el signo más claro del vigor que le anima. Al constatarlo, recuerdo un texto suyo de hace cuatro décadas: «Para el hombre sano la mejor receta es evitar a los médicos, confiar en la verdad de su propio cuerpo, pero también prestar oídos a aquello que los médicos saben.»

La oportunidad de tenerle cerca, sin una nube de personas alrededor, llega con la cena. Somos siete a la mesa, y por recomendación de Hofmann pide —como plato único— bogavante a la Termidor. Celebra el plato con un «muy bueno», aunque le impresione más el rioja (un Imperial Cune), del que apura tres vasos: dos durante la colación y el tercero a título de postre. Cuenta entonces cierta anécdota —referida ya en *Acercamientos* (1970)—, cuando bajo la influencia de mescalina el ruido producido al abrir un bote de Nescafé «sobresaltó como un tiro de pistola». Terminadas las risas, me atrevo a sugerir que sus experiencias en ese terreno rozan a veces lo temerario. En el caso de la cocaína, por ejemplo, empezó administrándose una dosis casi cien veces superior a la recomendada por Freud. No hace ningún comentario, y aprovechando el silencio pregunto por la cruzada prohibicionista.

«Las drogas tienen un gran destino, señor. Un destino tan alto, o más alto, que el que tuvieron durante el paganismo clásico. Pero la ebriedad es tanto más fructífera, espiritualmente, cuanto más tiempo medie entre los acercamientos. Una vez al mes es mejor que una vez a la semana, y una vez al año mejor que una vez al mes. No puedo coincidir con Albert [Hofmann], ni con Huxley, cuando trazan una frontera entre drogas, como si unas fuesen por fuerza fuente de miseria y otras de conocimiento. Asimilar el vino —que ahora bebemos tan apaciblemente— produjo grandes convulsiones en la Antigüedad. Ahí están *Las bacantes* de Eurípides.»

Pero ¿qué representa la cruzada? «Una forma de moralidad perversa, una estupidez... Es evidente, y ya lo he dicho en diversas ocasiones, que no deberíamos admitir la influencia cada vez mayor del Estado sobre la medicina, con pretextos sociales.»

La conversación se orienta hacia la próxima visita de los Jünger a Madrid, donde permanecerán alojados en la embajada alemana. Sus viajes anteriores han sido a Mallorca, Benicasim y Marbella, bastantes décadas atrás. Ahora le interesan Toledo y El Escorial. En cuanto al Prado, piensa que —a priori— lo más tentador es el tríptico de El Bosco. Hofmann sugiere el Jardín Botánico, tan próximo a la pinacoteca, donde recuerda haber leído una frase conmovedora, que retiene en su expresión castellana: «La naturaleza es un libro abierto, que cada uno debe aprender a leer por sí mismo.» Tras hacérsela traducir, Jünger comenta jocosamente que «no todos los Paracelsos son de Basilea».

Sin embargo, sus ausencias —esos momentos de mirar hacia dentro— van haciéndose más largas y frecuentes. Lleva doce horas de vida social, y quien sostiene ahora la conversación es su cónyuge, culta bibliotecaria que llena el hueco dejado por Greta, la primera esposa, muerta en 1960 y mencionada en los *Diarios* como «Perpetua». Al despedirse, Jünger me tiende una postal que distribuyó entre los asistentes a la rueda de prensa. Se trata de la *Earias juengeriana*, una rara mariposa descubierta por él en Sumatra.

Lunes, 23 de octubre. Un teléfono despierta a la casa, hacia las ocho de la mañana. Hofmann me dice que su amigo desearía visitar el palacio de los Alba. Difícil de cumplir en principio, la gentileza del editor Jacobo Fitz-James Stuart —Siruelo para los amigos— hace factible ese deseo. Hacia las seis de la tarde el palacio de Liria se encuentra preparado: vitrinas de libros y autógrafos han sido descubiertas, las salas están iluminadas. Jünger llega poco después, desde Toledo, con manifiestas ganas de no perderse un rincón interesante. Lo delatan un paso alegre, y el comentario de que inspeccionará con curiosidad «senatorial». No hay luz suficiente para observar bien el mapa de Colón, la primera edición de *Don Quijote*, el medio quemado testamento de Felipe II, pero tiene una buena lupa.

Inclinado como un entomólogo sobre libros y manuscritos, recorre la biblioteca de una punta a otra. Media hora más tarde está en el dintel de la puerta, invitando silenciosamente a proseguir la excursión. Ha tomado algunas notas en un cuadernillo, aunque será en el piso superior donde se aplique más a esta tarea. Lo merecen un reloj usado por Napoleón I, unos documentos sobre la muerte de la antigua Cayetana, un voluptuoso rubens (que Liselotte Jünger, al oído, declara ser copia), una pitillera con el globo de los Montgolfier y dos espléndidos goyas de tamaño natural. Sin embargo, nada llama tanto su atención como la armadura del conde-duque de Olivares, y otra del Alba devastador de Flandes, abollada por el impacto de un proyectil en la zona del corazón.

Al entrar en una de las salas topamos con el consabido cordón de museo, que Jacobo Fitz-James hace retirar en seguida, aunque no antes de que el anciano inicie un curioso movimiento de acceso, levantando la pierna como quien se dispone a pasar sobre una valla en el campo. Le observo, muy sorprendido, cuando al caer el cordón trata de recomponer el gesto y, por un instante, ya no parece tan ágil. Pero acaba de comportarse como un joven. Y con entusiasmo, otra vez en la planta baja, apunta hacia un busto de Dioniso: «¡Esos pámpanos, fijaos en esos pámpanos!»

Su esposa apostilla: «Ciertamente, la sonrisa del rostro no es budista.»

De vuelta a casa, un repaso a *La emboscadura* descubre un texto que completa el laconismo coloquial de su autor:

> «El Dioniso raptado por unos marineros tirrenos hizo que en torno a los remos se enroscasen pámpanos y mirto, que crecieron hasta envolver el mástil. De aquella espesura surgiría luego el tigre, que despedazó a los piratas».

P.S.—Jünger seguía diligente y con buena salud el verano de este año, 1997. Tras superar la infección producida por una picadura — le mordió una pulga del roble, que estaba estudiando—, el anciano coronado de nieve tiene ya muy cerca el fin del milenio, y sus ciento cinco años. No se me ocurre en qué pensará ahora, ni cómo se explica ser tan longevo y saludable. Alguna parte debe corresponderle a la proporción de aventura vital y escritura en su existencia. Unos escriben porque apenas viven, y otros apenas escriben porque sobre todo viven. Habiendo nacido tan capaz para la aventura, lo singular de Jünger es que haya entregado tanto al estudio, y a pulir la expresión. Pero parece que vivir arriesgadamente una cuarta parte del tiempo, y reflexionar las otras tres cuartas, ensancha el tiempo mismo.

VII

El espíritu como naturaleza

Albert Hofmann nació en el cantón suizo de Aargau, en 1906, en el seno de una familia humilde que quedó desamparada por la muerte prematura del padre. Pasó su adolescencia en el banco de taller de una fábrica, como primogénito responsable de los suyos, pero le fascinaba la investigación y —a costa de no dormir— cursó simultáneamente estudios de química en Zurich, que terminó con premio extraordinario, culminando esa carrera con una tesis doctoral que hizo época (al describir por primera vez la hasta entonces enigmática estructura de la quitina). Los años duros quedaban atrás, y siendo fiel a una vocación sentida ya desde niño —conocer lo operante en las plantas— aceptó un puesto de investigador en el pequeño laboratorio que era Sandoz por entonces. Allí permaneció hasta su jubilación, con hallazgos que contribuyeron notablemente a hacer de esa empresa un gigante farmacológico mundial. Fruto de esos años fueron descubrimientos que llama «comerciales» —tranquilizantes y analgésicos—, alternados con otros que le permitirían desarrollar fármacos insustituibles durante décadas en obstetricia y neurología.

Investigaba el misterioso hongo llamado cornezuelo o ergot cuando topó con la dietilamida del ácido lisérgico o LSD, un derivado semisintético que absorbió inadvertidamente, y a partir de entonces no sólo su vida sino la de otros muchos experimentaría una profunda modificación. Jünger y Huxley —también la CIA y la psiquiatría institucional— se apasionaron con el producto, unos creyendo que contribuía a ensanchar la cordura y otros que permitía desatar a voluntad la demencia. En cualquier caso, nadie discutió que esa sustancia y varias más de su especie, descubiertas por él durante los años cincuenta —como la amida del ácido lisérgico y la psilocibina—, eran el hallazgo psicofarmacológico más importante del siglo. Doctor *honoris causa* por Harvard, Zurich, Estocolmo y Berlín, a mediados de la década siguiente fue invitado por la Academia sueca a pronunciar el ciclo de conferencias previas al otorgamiento de su galardón, que quedaría indefinidamente pospuesto cuando el conjunto de prometedores hallazgos se convirtió de la noche a la mañana en amenaza mortal para el orden establecido. Instado por el Pentágono a que colaborase en sus proyectos de armas químicas, y por la *intelligentsia* contracultural a hacer precisamente lo contrario —todo ello a partir de las mismas sustancias—, comenzó para él una época de perplejidad, que sólo apaciguaría la distancia crítica que otorga el paso del tiempo.

Hofmann vive en un lugar aislado sobre la cumbre de una colina, al que se accede por una carretera estrecha y sinuosa, donde van apareciendo pequeñas aldeas y castillos medievales, cañadas solitarias, praderas con lustrosas vacas pastando y hasta una abadía románica. Antes de entrar, el anfitrión enseña «lo mejor del sitio» —un jardín de plantas raras y muy bellas, donde destacan diversos tipos de trepadoras y dondiegos—, mientras comenta con cierta malicia que Moctezuma le enseñó su jardín particular a Cortés, cuando éste quiso ser conducido a su tesoro.

Está convenido que daremos una vuelta, aprovechando el día soleado, y mientras Hofmann se excusa un momento aprovecho para curiosear por la casa. En la envidiable biblioteca constato que algunos libros están dedicados por sus autores. El delgado volumen de *Las puertas de la percepción*, por ejemplo, se abre con la letra elegante de Huxley y las palabras: «Para Albert Hofmann, un hombre de ciencia que puede también pensar y sentir como un artista, con amistad y admiración.» Observo lo mismo en libros de Michaux, y en las primeras ediciones de todas las obras publicadas por Jünger.

Ya de retorno, sugiere que nos sentemos junto a la piedra miliar que marca la divisoria entre tierra suiza y francesa; desde ese punto se domina una enorme extensión de terreno, finalmente delimitada por los Vosgos alsacianos, y un providencial monte evita que se contemple el complejo fabril de Basilea, con las descomunales chimeneas de Sandoz, Roche y Ciba-Geigy.

—Acaba de publicar en alemán «Einsichte-Ausblicke»[1], un breve libro de filosofía. ¿Le importaría hablar de lo que allí llama «metáfora del transmisor-receptor»?

—Si un objeto refleja ondas electromagnéticas con una longitud de 0,7 micrómetros lo llamamos azul, y si se trata de ondas con una longitud de 0,4 milésimas de milímetro lo llamamos rojo. Esto significa que la percepción del color es un evento puramente psicológico, subjetivo, que acontece en el *espacio interno* de un individuo, en la pantalla que lleva *dentro*. Lo mismo sucede con el mundo acústico, y con el campo de la sensación en términos amplios. Basta por eso alterar la conciencia individual —usando medios químicos, por ejemplo— para que emerja una realidad distinta, no familiar. Sería absurdo suponer que esa alteración en el «receptor» ha creado una modificación en el «transmisor» o mundo externo, que es sólo un continuo materia-energía. ¿Me explico claramente?

1.- Finalmente aparecido en castellano como *Mundo interior-mundo exterior*, Libros de la Liebre de Marzo, Barcelona, 1997.

—No aún en las consecuencias. Parece una forma actualizada del idealismo alemán clásico.

—Pero no pretendo decir que el entendimiento conforme el mundo objetivo, sino extraer dos conclusiones básicas. La primera es que nuestra realidad no posee un estado fijo, sino una experiencia *momentánea*; por eso un niño lastrado con una escasa carga de memoria percibe el mundo más intensamente que un adulto. La segunda conclusión es que jamás sobrevaloraremos el poder *cosmogónico* de los humanos; cada individuo es un creador que debe reinventar de nuevo su propio mundo. De una y otra cosa resulta que nuestra libertad —y nuestra responsabilidad— dependen directamente de nuestra capacidad para seleccionar lo que queremos recibir del programa infinito ofrecido por el universo.

—... Y la cosmogonía subjetiva, que es una creación personal o individualizada de realidad, se coordina con la realidad objetiva creada, y en trance de recreación, que representa el universo.

—En ambos casos es *realidad*, inmediatez de sentido, por lo cual no conviene insistir tanto en el sujeto y el objeto como en su compenetración. Usando el símil del televisor, podemos encenderlo o no, cambiar de canal, suprimir el sonido, prestar especial atención a esto o aquello, pero siempre dentro de unos parámetros comparables a los del artista, que inventa su obra pero no la creación. Tan pronto como el hombre asume su capacidad cosmogónica como una tarea racional, fruto de su libertad, comprende también que hay límites infranqueables para su albedrío, hechos que no pueden ser cambiados sin arrastrar a consecuencias catastróficas.

—Lógicamente.

—En vez de concebir el proceso como transmisión-recepción, la corriente judeo-cristiana ha impuesto el criterio dominación-sometimiento, siguiendo el consejo que dice: «Haz de la tierra tu sierva.»

Así, el sublime logro de la civilización tecnológica, el confort de la sociedad industrial occidental, ha acabado por suscitar la destrucción de su medio. El mal uso del conocimiento adquirido, ese defecto radical de perspectiva, hace que todos los intentos actuales de enmendar el daño con medidas de protección ambiental tiendan a ser meros parches.

—¿Por qué?

—Porque la catástrofe no es tanto el nivel de destrucción ambiental ya alcanzado como ignorar que llegamos a esa situación por falta de coraje —y de oportunidades— para perseguir la experiencia de una realidad más profunda. Es algo parecido a un círculo vicioso, pues la experiencia de una realidad más profunda —la experiencia de la unidad esencial de toda vida— se ve ahogada por un medio que manos humanas han exterminado, como acontece con nuestras grandes ciudades. En ellas parece especialmente evidente, necesario, el contraste entre uno mismo y el mundo exterior. Las sensaciones de una realidad dividida acompañan a la conciencia cotidiana allí donde impera la civilización tecnológica, y esas sensaciones morbosas ejercen un fuerte influjo en la literatura y el arte modernos.

—¿De ahí el vivir desde hace tanto tiempo en una aislada casa de campo, mostrando al visitante el jardín y los paisajes abiertos como un tesoro?

—En un medio natural, y desde luego en cualquier jardín, es perceptible una realidad infinitamente más antigua, profunda y maravillosa que en cualquier cosa hecha por el hombre. Las plantas muestran con toda evidencia la inagotable y divina energía vital. Lo que se llama función clorofílica es simplemente el matrimonio entre la Tierra y el Sol, un proceso de asombrosa sencillez y eficacia, que funda el ciclo vital. Allí vemos la luz transformándose incesantemente en atmósfera. Pero no estoy proponiendo un retorno roussoniano a la Naturaleza, que ya entonces —a finales del XVIII— reacciona ante el sentimiento de una escisión entre el hombre y la fuente de la vida. Lo necesario es que cada cual busque dentro de sí una experiencia propiamente mística, la experiencia de la vida en su unidad.

—El misticismo tiene bastante de tópico, y de ambiguo, al menos para la sensibilidad actual. La tradición llamada mística alterna himnos de alabanza a lo terreno con posturas de ascetismo puritano, orientadas a una u otra «mortificación de la carne». Sin ir más lejos, el «muero porque no muero» de Teresa de Ávila parece justamente a caballo entre lo uno y lo otro.

—Llamo «místico» al maravillarse, a la plenitud de sentido que nos embarga porque sí, quizá ante algo insignificante, a veces hasta el punto de hacernos llorar de alegría. Mi primer recuerdo de una emoción así viene del final de la infancia, mientras cruzaba el bosque por un camino ya recorrido muchas veces. La percepción rutinaria cedió su lugar a una unidad donde la luz, los aromas, los ruidos y las cosas brillaban armoniosamente. Experiencia mística es sinónimo de belleza conmovedora.

—Pero ¿cabe sentir algo así practicando el erotismo, por ejemplo?
—Pocas cosas necesitan los humanos tanto como una ciencia y una cultura del placer, que permitan rescatar la sexualidad de su estatuto subterráneo, o de su empleo como reclamo publicitario. Entendámonos: la nutrición es de suma importancia para el espíritu. Y ningún alimento le es tan básico como el amor en todas sus formas, empezando por la carnal. La cultura y la ciencia del placer se fundarán sobre afrodisíacos, o no llegarán a existir fuera de pequeños focos periféricos. Hasta Tomás de Aquino reconoció que existimos para ser dichosos: *ultimo finis vitae beatitudo est.* Pero conspira contra esa finalidad cualquier oposición entre cielo y tierra, alma y cuerpo, naturaleza y espíritu. Me gusta mucho una definición que leí de la

belleza como promesa de dicha. La belleza es siempre un sentimiento de acuerdo, una conciencia que supera la escisión del sujeto y el objeto.

—Si no me equivoco, en esto reside el interés de ciertas sustancias con efectos visionarios.

—El genio griego intentó prevenir lo que se sigue de una realidad dividida, complementando el concepto apolíneo del mundo con la experiencia dionisíaca, y aboliendo periódicamente el dualismo mediante ceremonias de ebriedad extática. Es probable que no sólo en las iniciaciones báquicas, sino en los demás cultos mistéricos antiguos —sobre todo en los fundamentales, los de Eleusis—, se emplearan sustancias capaces de alterar a fondo la actitud del «receptor».

—Se supone que el «emisor» es Dios.

—Siempre que este concepto no se emplee para embaucar. Podemos llamarlo Creación: es lo que se revela en la experiencia mística. Sea cual fuere su pretexto —un paraje, un gesto, una caricia—, esa experiencia nos sumerge en una realidad que expresa amor. Su lenguaje es la historia natural, el proceso del mundo.

—En «Die Annäherungen» (Acercamientos), Jünger habla con ambivalencia de un «cristianismo joánico», entre las actitudes posibles ante el presente.

—En el principio era el *logos*, y el *logos* era amor. La fórmula me vale. Pero me vale como asunto de experiencia, no de creencia. Creer es propio del que no se atreve a intentar percibir. Cuando se suspende el velo de rutinas aparece el «espíritu de la verdad» mencionado por el cuarto Evangelio. En esencia, el espíritu de la verdad nos hace comprender que la razón objetiva, los otros y yo, somos uno. Jesús es una criatura divina, como nosotros, y hablar del superhombre es el modo más directo de decir que necesitamos crecer. La religión común debería anclarse sobre el ciclo vital, que, como antes sugerí, es un matrimonio del cielo y la tierra.

—Sin embargo, entre el emisor y el receptor hay distintas panta-llas. Algunas parecen aclararlo todo bastante, como la dietilamida del ácido lisérgico, y otras contribuyen a enturbiarlo.

—La LSD no es una droga como algunas otras.

—¿No?

—Es inútil intentar enturbiar nada con ella. Ni el engaño propio ni el ajeno encuentran campo para desarrollarse. Los pueblos que siguen comulgando periódicamente con sustancias afines se prepa-ran y purifican de algún modo (abluciones, ayuno, otras abstinen-cias) antes de suspender lo rutinario y decidirse a *viajar*. No es un pasatiempo, y quien incumpla la regla se arriesga a una experiencia aterradora.

—Graves llamó «impiedad» al uso frívolo de fármacos visionarios, y Michaux dijo que el riesgo era «perder el alma». Pero Huxley insistió en que los viajes aterradores podían ser espiritualmente tan útiles como los beatíficos.

—Eso depende de las personas. Estoy con Pasteur cuando admi-tía el papel del azar en los hallazgos, reconociendo al mismo tiempo que sólo favorecen a los espíritus preparados. La toxicidad —es de-cir, la proporción entre dosis activa y dosis mortal— no ha llegado todavía a determinarse en el caso de la LSD, pues se conocen casos de personas que han llegado a ingerir de golpe seiscientas dosis sin sufrir otra cosa que el susto inicial, y no hay ni un solo caso de in-toxicación con resultado de muerte. Orgánicamente, es asombroso que pueda inducirse una experiencia psíquica de tales proporciones con tan mínimas secuelas fisiológicas. Empleando LSD pura, los pe-ligros son mentales exclusivamente, pero no puedo estar de acuerdo en que los *viajes* aterradores sean siempre tan fructíferos como los otros; además de la preparación, que es esencial, hay muchas personas incapaces por constitución de asimilar provechosamente ese tipo de experiencia. Si alguna vez vuelve a autorizarse el uso médico de la sustancia —como empiezan a reclamar psiquiatras e investigadores de todo el mundo—, dichas personas serán excluidas de antemano, evitando así episodios inútilmente desagradables. Con esto no quiero decir que puedan disociarse momentos de plenitud y momentos de desamparo (lo que Huxley llamó cielo e infierno en el trance visionario), sino tan sólo que cierto porcentaje de la humanidad no sacará provecho alguno desempolvando las puertas de su percepción.

—Algunos ven la LSD como un alimento espiritual, capaz de llevar incomparablemente más lejos que ningún otro psicofármaco. Con todo, ¿cómo se entiende la bajada que pone fin al viaje?

—La LSD pura no induce bajada. Ese efecto proviene de la anfetamina añadida, de otros adulterantes o de que el químico no ha logrado sintetizar exactamente la dietilamida del ácido lisérgico. A las ocho o diez horas, lo normal es que se produzca un estado de relajación seguido por un sueño tranquilo, sin desasosiego ni agotamiento depresivo.

—¿Sería indiscreción peguntar cuántas veces ha tomado LSD?

—Hace falta tiempo para prepararse adecuadamente, y más tiempo aún para asimilar la experiencia. Habré hecho unos treinta ensayos.

—Treinta ensayos en cincuenta años... Leary y otros recomendaban un uso semanal, o cuando menos mensual.

—Leary es un payaso. Simpático, pero payaso.

—También ha descubierto usted la psilocibina, otro fármaco de esa familia, y supongo que ha experimentado personalmente con él.

—Bastantes menos veces. Aunque sea muy interesante, prefiero la LSD.

—¿Y la MDMA o éxtasis?
—Probé en California, hace cuatro años. Tiene una sorprendente capacidad para estimular la comunicación y generar afecto. Un afrodisíaco en sentido amplio, no genital, de una toxicidad no despreciable.

—¿No le parece una LSD sin aristas, la droga psicodélica de una era caracterizada por sucedáneos?
—Es menos claro como vehículo de experiencia. Si se compara con la LSD, la psilocibina o la mescalina, no es inexacto llamarlo sucedáneo. Sin embargo, parece un fármaco útil para varias cosas; desgraciadamente, la legislación actual impide investigar hasta qué punto lo es o no.

—Esto me recuerda la sentencia de Paracelso: SOLA DOSIS FACIT VENENUM.
—La frontera entre lo útil, lo inútil y lo perjudicial depende evidentemente de las dosis. Y no sólo de dosis singulares, sino de su frecuencia por unidad de tiempo.

—El caso es que empezamos hablando de filosofía, y temo haber caído en el tópico de preguntar aquello que todo el mundo le pregunta.
—Puede decirse que ciertas sustancias están ahí para ser ensayadas o evitadas, no para disertar simplemente. Pero es también oportuno promover una cultura farmaológica que sustituya a la barbarie reinante. Por lo demás, prefiero hablar de filosofía.

—He sacado en limpio que, a su juicio, estamos inmersos en una sociedad tecnológica hostil a las revelaciones místicas. Aunque tecnología y misticismo no son cosas incompatibles.

—Desde luego.

—*Como no son incompatibles espíritu y naturaleza.*
—Desconozco espíritus distintos de los que alberga la naturaleza.

—*Jünger ha dicho que todo placer es en el fondo del espíritu. ¿Suscribiría ese juicio?*
—El placer quiere eternidad. Para los goces, podríamos atenernos al espíritu como naturaleza.

—*Ahora, a sus noventa años, ¿echa de menos alguna época previa?*
—Fui saludable de niño y de muchacho, pero desde que empecé a encontrar mi camino —mi camino como investigador, mi vida adulta de relación con otros— tuve siempre algo parecido a la sospecha de que no estaba sano del todo, de que adolecía de algo. Sólo cuando me acercaba a los ochenta años empecé a sentir que iba curándome de esa parcialidad, y ahora me encuentro casi perfectamente bien. Estoy seguro de que cuando me encuentre bien del todo habrá llegado el momento de morir.